MÉMOIRES
D'UN MÉDECIN

PAR ALEXANDRE DUMAS.

JOSEPH BALSAMO,

Deuxième Partie.

ANDRÉE DE TAVERNEY.

7

PARIS,
ALEXANDRE CADOT, ÉDITEUR,
32, rue de la Harpe.

1847

MÉMOIRES
D'UN MÉDECIN.

Corbeil, imp. de CRÉTÉ.

MÉMOIRES

D'UN MÉDECIN

PAR ALEXANDRE DUMAS.

JOSEPH BALSAMO.

Deuxième Partie.

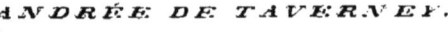
ANDRÉE DE TAVERNEY.

7

PARIS,
ALEXANDRE CADOT, ÉDITEUR,
32, rue de la Harpe.

1847

I

Les carrosses du Roi.

Un murmure criard dans le lointain, mais qui devint plus grave et plus ample en se rapprochant, fit dresser l'oreille à Gilbert, qui sentit tout son corps se hérisser sous un frisson aigu.

On criait vive le roi.

C'était encore l'usage alors.

Une nuée de chevaux hennissants, dorés, couverts de pourpre, s'élança sur la chaussée : c'étaient les mousquetaires, les gendarmes et les Suisses à cheval.

Puis un carrosse massif et magnifique apparut.

Gilbert aperçut un cordon bleu, une tête couverte et majestueuse. Il vit l'éclair froid et pénétrant du regard royal, devant lequel tous les fronts s'inclinaient et se découvraient.

Fasciné, immobile, enivré, pantelant, il oublia d'ôter son chapeau.

Un coup violent le tira de son extase : son chapeau venait de rouler à terre.

Il fit un bond, ramassa son chapeau, releva la tête, et reconnut le neveu du bourgeois qui le regardait avec ce sourire narquois particulier aux militaires.

— Eh bien ! dit-il. on n'ôte donc pas son chapeau au roi ?

Gilbert pâlit, regarda son chapeau couvert de poussière et répondit :

— C'est la première fois que je vois le roi, monsieur, et j'ai oublié de le saluer, c'est vrai. Mais je ne savais pas...

— Vous ne saviez pas, dit le soudard en fronçant le sourcil.

Gilbert craignit qu'on ne le chassât de cette place où il était si bien pour voir Andrée; l'amour qui bouillonnait dans son cœur brisa son orgueil.

— Excusez-moi, dit-il, je suis de province.

— Et vous êtes venu faire votre éducation à Paris, mon petit bonhomme?

— Oui, monsieur, répondit Gilbert dévorant sa rage.

— Eh bien! puisque vous êtes en train

de vous instruire, dit le sergent en arrêtant la main de Gilbert, qui s'apprêtait à remettre son chapeau sur sa tête, apprenez encore ceci : c'est qu'on salue madame la Dauphine comme le roi, messeigneurs les princes comme madame la Dauphine, c'est qu'on salue, enfin, toutes les voitures où il y a des fleurs de lys. — Connaissez-vous les fleurs de lys, mon petit, ou faut-il vous les faire connaître ?

— Inutile, monsieur, dit Gilbert ; je les connais.

— C'est bien heureux, grommela le sergent.

Les voitures royales passèrent.

La file se prolongeait ; Gilbert regardait avec des yeux tellement avides, qu'ils en semblaient hébêtés. Successivement, en arrivant en face de la porte de l'abbaye, les voitures s'arrêtaient, les seigneurs de la suite en descendaient, opération qui, de cinq minutes en cinq minutes, occasionnait un mouvement de halte sur toute la ligne.

A l'une de ces haltes, Gilbert sentit comme un feu brûlant qui lui eût traversé le cœur. Il eut un éblouissement, pendant lequel toutes choses s'effacèrent à ses yeux, et un tremblement si violent s'empara de lui, qu'il fut forcé de se cramponner à sa branche pour ne pas tomber.

C'est qu'en face de lui, à dix pas au plus, dans l'une de ces voitures à fleurs de lys que le sergent lui avait recommandé de saluer, il venait d'apercevoir la resplendissante, la lumineuse figure d'Andrée vêtue toute de blanc, comme un ange ou comme un fantôme.

Il poussa un faible cri, puis, triomphant de toutes ces émotions qui s'étaient emparées de lui à la fois, il commanda à son cœur de cesser de battre, à son regard de se fixer sur le soleil.

Et la puissance du jeune homme sur lui-même était si grande qu'il y réussit.

De son côté, Andrée qui voulait voir pourquoi les voitures avaient cessé de marcher, Andrée se pencha hors de la portière et, en étendant autour d'elle son beau regard d'azur, elle aperçut Gilbert et le reconnut.

Gilbert se doutait qu'en l'apercevant, Andrée allait s'étonner, se retourner et parler à son père, assis dans la voiture à ses côtés.

Il ne se trompait point, Andrée s'étonna, se retourna et appela sur Gilbert l'attention du baron de Taverney, qui, orné de son grand cordon rouge, posait fort majestueusement dans le carrosse du roi.

— Gilbert! s'écria le baron réveillé comme en sursaut, Gilbert ici ! Et qui donc aura soin de Mahon là-bas?

Gilbert entendit parfaitement ces paroles. Il se mit aussitôt à saluer avec un respect étudié Andrée et son père.

Il lui fallut toutes ses forces pour accomplir ce salut.

— C'est pourtant vrai ! s'écria le baron en apercevant notre philosophe. C'est ce drôle-là en personne.

L'idée que Gilbert était à Paris se trouvait si loin de son esprit, qu'il n'avait pas voulu en croire d'abord les yeux de sa fille, et qu'il avait en ce moment encore toutes les peines du monde à en croire ses propres yeux.

Quant au visage d'Andrée, que Gilbert observait alors avec une attention soutenue, il n'exprimait plus qu'un calme parfait après un léger nuage d'étonnement.

Le baron penché hors la portière appela Gilbert du geste.

Gilbert voulut aller à lui, le sergent l'arrêta.

— Vous voyez bien que l'on m'appelle, dit-il.

— Où cela?

— De cette voiture.

Les regards du sergent suivirent la direction indiquée par le doigt de Gilbert, et se fixèrent sur le carrosse de M. de Taverney.

— Permettez, sergent, dit le baron, je voudrais parler à ce garçon, deux mots seulement.

—Quatre, monsieur, quatre, dit le sergent; vous avez du temps de reste; on lit une harangue sous le porche; vous en avez pour une bonne demi-heure. Passez, jeune homme.

— Venez çà, drôle, dit le baron à Gilbert, qui affectait de marcher son pas ordinaire; dites-moi par quel hasard, quand vous devriez être à Taverney, on vous trouve à Saint-Denis?

Gilbert salua une seconde fois Andrée et le baron et répondit:

— Ce n'est point le hasard, monsieur; qui m'amène ici; c'est l'acte de ma volonté.

— Comment, de votre volonté, marouffle! auriez-vous une volonté par hasard?

— Pourquoi pas? Tout homme libre a le droit d'en avoir une.

— Tout homme libre. Ah! ça! vous vous croyez donc libre, petit malheureux!

— Oui sans doute, puisque je n'ai enchaîné ma liberté à personne.

— Voilà, sur ma foi, un plaisant maraud, s'écria M. de Taverney, interdit de l'aplomb avec lequel parlait Gilbert. Quoi? vous à Paris, et comment venu, je vous prie... et avec quelles ressources, s'il vous plaît ?

— A pied, dit laconiquement Gilbert.

— A pied ! répéta Andrée, avec une certaine expression de pitié.

— Et que viens-tu faire à Paris ? je te le demande, s'écria le baron.

— Mon éducation d'abord, ma fortune ensuite.

— Ton éducation !

— J'en suis sûr.

— Ta fortune !

— Je l'espère.

— Et que fais-tu en attendant? Tu mendies?

— Mendier! fit Gilbert avec un superbe mépris.

— Tu voles, alors?

— Monsieur, dit Gilbert avec un accent de fermeté fière et sauvage qui fixa un instant sur l'étrange jeune homme l'attention de mademoiselle de Taverney, est-ce que je vous ai jamais volé?

— Que fais-tu alors avec tes mains de fainéant?

— Ce que fait un homme de génie auquel je veux ressembler, ne fût-ce que par ma persévérance, répondit Gilbert. Je copie de la musique.

Andrée tourna la tête de son côté.

— Vous copiez de la musique? dit-elle.

— Oui, mademoiselle.

— Vous la savez donc? ajouta-t-elle dédaigneusement et du même ton qu'elle eût dit : vous mentez.

— Je connais mes notes et c'est assez pour être copiste, répondit Gilbert.

— Et où diable les as-tu apprises tes notes, drôle ?

— Oui, fit en souriant Andrée.

— Monsieur le baron, j'aime profondément la musique, et comme tous les jours, mademoiselle passait une heure ou deux à son clavecin je me cachais pour écouter.

— Fainéant !

— J'ai d'abord retenu les airs, puis comme ces airs étaient écrits dans une méthode, j'ai peu à peu et à force de travail appris à lire dans cette méthode.

— Dans ma méthode ! fit Andrée au

comble de l'indignation, vous osiez toucher à ma méthode?

— Non, mademoiselle, jamais je ne me fusse permis cela, dit Gilbert; mais elle restait ouverte sur votre clavecin, tantôt à une place, tantôt à une autre. Je n'y touchais pas; j'essayais de lire, voilà tout : mes yeux ne pouvaient en salir les pages.

—Vous allez voir, dit le baron, que ce coquin-là va nous annoncer tout à l'heure qu'il joue du piano comme Haydn.

— J'en saurais jouer probablement, dit Gilbert, si j'avais osé poser mes doigts sur les touches.

Et Andrée, malgré elle, jeta un second regard sur ce visage animé par un sentiment dont rien ne peut donner l'idée, si ce n'est le fanatisme avide du martyr.

Mais le baron, qui n'avait point dans l'esprit la calme et intelligente lucidité de sa fille, avait senti s'allumer sa colère en songeant que ce jeune homme avait raison, et que l'on avait eu avec lui, en le laissant à Taverney en compagnie de Mahon, des torts d'inhumanité.

Or, on pardonne difficilement à un inférieur le tort dont il peut nous convaincre ; de sorte que s'échauffant à mesure que sa fille s'adoucissait :

— Ah! brigandeau! s'écria-t-il; tu désertes, tu vagabondes; et lorsqu'on demande compte de ta conduite, tu as recours à des balivernes comme celles que nous venons d'entendre. Eh bien! comme je ne veux pas que, par ma faute, le pavé du roi soit embarrassé de filous et de bohêmes...

Andrée fit un mouvement pour calmer son père; elle sentait que l'exagération excluait la supériorité.

Mais le baron écarta la main protectrice de sa fille et continua :

— Je te recommanderai à M. de Sartines, et tu iras faire un tour à Bicêtre, mauvais garnement de philosophe.

Gilbert fit un pas de retraite, enfonça son chapeau sous son bras, et pâle de colère :

— Monsieur le baron, dit-il, apprenez que depuis que je suis à Paris, j'ai trouvé des protecteurs qui lui font faire antichambre à votre monsieur de Sartines.

—Ah! oui-dà, s'écria le baron; eh bien, si tu échappes à Bicêtre, tu n'échapperas point aux étrivières. Andrée, Andrée, appelez votre frère qui est là tout près.

Andrée se baissa vers Gilbert et lui dit impérieusement :

— Voyons, monsieur Gilbert, retirez-vous.

— Philippe, Philippe, cria le vieillard.

— Retirez-vous, dit Andrée au jeune homme, qui demeurait muet et immobile à sa place, comme dans une contemplation extatique.

Un cavalier, attiré par l'appel du baron, accourut à la portière du carrosse : c'était Philippe de Taverney, avec un uniforme de capitaine. Le jeune homme était tout à la fois joyeux et splendide.

— Tiens! Gilbert! dit-il avec bonhomie en reconnaissant le jeune homme, Gilbert ici! Bonjour, Gilbert..... Que désirez-vous de moi, mon père?

— Bonjour, monsieur Philippe, répondit le jeune homme.

— Ce que je désire, s'écria le baron pâle de fureur, c'est que tu prennes la gaîne de ton épée et que tu en châties ce drôle-là?

— Mais, qu'a-t-il fait, demanda Philippe en regardant tour à tour, et avec un étonnement croissant la fureur du baron et l'effrayante impassibilité de Gilbert.

— Il a fait, il a fait... s'écria le baron;

frappe, Philippe, frappe comme sur un chien.

Taverney se retourna vers sa sœur.

— Qu'a-t-il donc fait, Andrée, dites, vous aurait-il insultée?

— Moi! s'écria Gilbert.

— Non, rien, Philippe, répondit Andrée, non; il n'a rien fait, mon père s'égare. M. Gilbert n'est plus à notre service, il a donc parfaitement le droit d'être où il lui plaît d'aller. Mon père ne veut pas comprendre cela, et en le retrouvant ici il s'est mis en colère.

— C'est là tout? demanda Philippe.

— Absolument, mon frère, et je ne comprends rien au courroux de M. de Taverney, surtout à un pareil propos et quand choses et gens ne méritent pas même un regard. Voyez, Philippe, si nous avançons.

Le baron se tut, dompté par la sérénité toute royale de sa fille.

Gilbert baissa la tête, écrasé par ce mépris. Il y eut un éclair qui passa à travers son cœur et qui ressemblait à celui de la haine. Il eut préféré un coup mortel de l'épée de Philippe, et même un coup sanglant de son fouet.

Il faillit s'évanouir.

Par bonheur, en ce moment, la harangue était achevée; il en résulta que les carrosses reprirent leur mouvement.

Celui du baron s'éloigna peu à peu, d'autres le suivirent ; Andrée s'effaçait comme dans un rêve.

Gilbert demeura seul, prêt à pleurer, prêt à rugir, incapable, il le croyait du moins, de soutenir le poids de son malheur.

Alors une main se posa sur son épaule.

Il se retourna et vit Philippe qui, ayant mis pied à terre et donné son cheval à tenir à un soldat de son régiment, revenait tout souriant à lui.

— Voyons, qu'est-il donc arrivé, mon pauvre Gilbert, et pourquoi es-tu à Paris?

Ce ton franc et cordial toucha le jeune homme.

— Eh! monsieur, dit-il avec un soupir arraché à son stoïcisme farouche, qu'eussé-je fait à Taverney? je vous le demande. J'y fusse mort de désespoir, d'ignorance et de faim.

Philippe tressaillit, car son esprit impartial était frappé, comme l'avait été Andrée, du douloureux abandon où l'on avait laissé le jeune homme.

— Et tu crois donc réussir à Paris, pauvre enfant, sans argent, sans protection, sans ressources?

— Je le crois, monsieur; l'homme qui veut travailler meurt rarement de faim, là où il y a d'autres hommes qui désirent ne rien faire.

Philippe tressaillit à cette réponse. Jamais il n'avait vu dans Gilbert qu'un familier sans importance.

— Manges-tu, au moins? dit-il.

— Je gagne mon pain, monsieur Philippe, et il n'en faut pas davantage à celui qui ne s'est jamais fait qu'un reproche, c'est de manger le pain qu'il ne gagnait pas.

— Tu ne dis pas cela, je l'espère, pour celui qu'on t'a donné à Taverney, mon enfant. Ton père et ta mère étaient de bons serviteurs du château, et toi-même te rendais facilement utile.

— Je ne faisais que mon devoir, monsieur.

— Écoute, Gilbert, continua le jeune homme; tu sais que je t'ai toujours aimé;

je t'ai toujours vu autrement que les autres; est-ce à tort, est-ce à raison? l'avenir me l'apprendra. Ta sauvagerie m'a paru délicatesse; ta rudesse, je l'appelle fierté.

— Ah! monsieur le chevalier, fit Gilbert respirant.

— Je te veux donc du bien, Gilbert.

— Merci, monsieur.

— J'étais jeune comme toi, malheureux comme toi dans ma position; de là vient peut-être que je t'ai compris. La fortune un jour m'a souri; eh bien! laisse-moi t'aider, Gilbert, en attendant que la fortune te sourie à ton tour.

— Merci, merci, monsieur.

— Que veux-tu faire, voyons; tu es trop sauvage pour te mettre en condition.

Gilbert secoua la tête avec un méprisant sourire.

— Je veux étudier, dit-il.

— Mais, pour étudier, il faut des maîtres, et pour payer des maîtres, il faut de l'argent.

— J'en gagne, monsieur.

— Tu en gagnes, dit Philippe en souriant, et combien gagnes-tu, voyons?

— Je gagne vingt-cinq sous par jour, et j'en puis gagner trente et même quarante.

— Mais c'est tout juste ce qu'il faut pour manger.

Gilbert sourit.

— Voyons, je m'y prends mal peut-être pour t'offrir mes services.

— Vos services à moi, monsieur Philippe ?

— Sans doute, mes services. Rougis-tu de les accepter ?

Gilbert ne répondit point.

— Les hommes sont ici-bas pour s'entr'aider, continua Maison-Rouge ; ne sont-ils pas frères ?

Gilbert releva la tête et attacha ses yeux si intelligents sur la noble figure du jeune homme.

— Ce langage t'étonne? dit-il.

— Non, monsieur, dit Gilbert, c'est le langage de la philosophie ; seulement, je n'ai pas l'habitude de l'entendre chez des gens de votre condition.

— Tu as raison, et cependant ce langage est celui de notre génération. Le Dauphin lui-même partage ces principes.

Voyons, ne fais pas le fier avec moi, continua Philippe, et ce que je t'aurai prêté, tu me le rendras plus tard. Qui sait si tu ne seras pas un jour un Colbert ou un Vauban.

— Ou un Tronchin, dit Gilbert.

— Soit. Voici ma bourse, partageons.

— Merci, monsieur, dit l'indomptable jeune homme, touché, sans vouloir en convenir, de cette admirable expansion de Philippe; merci, je n'ai besoin de rien; seulement..... seulement, je vous suis reconnaissant bien plus que si j'eusse accepté votre offre, soyez-en sûr.

Et là-dessus, saluant Philippe stupéfait, il regagna vivement la foule dans laquelle il se perdit.

Le jeune capitaine attendit plusieurs secondes, comme s'il ne pouvait en croire ni ses yeux, ni ses oreilles ; mais voyant que Gilbert ne reparaissait point, il remonta sur son cheval et regagna son poste.

II

La possédée.

Tout le fracas de ces chars retentissants, tout le bruit de ces cloches chantant à pleines volées, tous ces roulements de tambours joyeux, toute cette majesté, reflet des majestés du monde perdu pour elle, glissèrent sur l'ame de Madame Louise, et vinrent expirer, comme le flot inutile, au pied des murs de sa cellule.

Quand le roi fut parti, après avoir inutilement essayé de rappeler en père et en souverain, c'est-à-dire par un sourire auquel succédèrent des prières qui ressemblaient à des ordres, sa fille au monde; quand la Dauphine, que frappa du premier coup d'œil cette grandeur d'âme véritable de son auguste tante, eût disparu avec son tourbillon de courtisans, la supérieure des Carmélites fit descendre les tentures, enlever les fleurs, détacher les dentelles.

De toute la communauté encore émue, elle seule ne sourcilla point, quand les lourdes portes du couvent, un instant ouvertes sur le monde, roulèrent pesamment et se refermèrent avec bruit entre le monde et la solitude.

Puis elle fit venir la trésorière.

— Pendant ces deux jours de désordre, demanda-t-elle, les pauvres ont-ils reçu les aumônes accoutumées ?

— Oui, madame.

— Les malades ont-ils été visités comme de coutume ?

— Oui, madame.

— A-t-on congédié les soldats un peu rafraîchis ?

— Tous ont reçu le pain et le vin que madame avait fait préparer.

—Ainsi rien n'est en souffrance dans la maison ?

— Rien, madame.

Madame Louise s'approcha de la fenêtre et aspira doucement la fraîcheur embaumée qui monte du jardin sur l'aile humide des heures voisines de la nuit.

La trésorière attendait respectueusement que l'auguste abbesse donnât un ordre ou un congé.

Madame Louise, Dieu seul sait à quoi

songeait la pauvre recluse royale en ce moment, Madame Louise effeuillait des roses à haute tige qui montaient jusqu'à sa fenêtre, et des jasmins qui tapissaient les murailles de la cour.

Tout à coup, un violent coup de pied de cheval ébranla la porte des communs et fit tressaillir la supérieure.

— Qui donc est resté à Saint-Denis de tous les seigneurs de la cour? demanda madame Louise.

—Son Eminence le cardinal de Rohan, madame.

— Les chevaux sont-ils donc ici?

—Non, Madame, ils sont au chapitre de l'abbaye, où il passera la nuit.

— Qu'est-ce donc que ce bruit alors ?

— Madame, c'est le bruit que fait le cheval de l'étrangère.

— Quelle étrangère ? demanda madame Louise, cherchant à rappeler ses souvenirs.

— Cette Italienne qui est venue hier soir demander l'hospitalité à Son Altesse.

— Ah ! c'est vrai. Où est-elle ?

— Dans sa chambre ou à l'église.

— Qu'a-t-elle fait depuis hier ?

— Depuis hier, elle a refusé toute nourriture, excepté le pain, et toute la nuit elle a prié dans la chapelle.

— Quelque grande coupable sans doute ! dit la supérieure fronçant le sourcil.

— Je l'ignore, madame, elle n'a parlé à personne.

— Quelle femme est-ce ?

— Belle et d'une physionomie douce et fière à la fois.

— Ce matin, pendant la cérémonie, où se tenait-elle ?

— Dans sa chambre, près de sa fenêtre,

où je l'ai vue abritée derrière ses rideaux, fixer sur chaque personne qui entrait un regard plein d'anxiété, comme si dans chaque personne qui entrait, elle eût craint un ennemi.

— Quelque femme de ce pauvre monde où j'ai vécu, où j'ai régné. Faites entrer.

La trésorière fit un pas pour se retirer.

— Ah! sait-on son nom? demanda la princesse.

— Lorenza Feliciani.

— Je ne connais personne de ce nom, dit madame Louise rêvant; n'importe, introduisez cette femme.

La supérieure s'assit dans un fauteuil séculaire; il était de bois de chêne, avait été sculpté sous Henri II et avait servi aux neuf dernières abbesses des Carmélites.

C'était un tribunal redoutable, devant lequel avaient tremblé bien des pauvres novices, prises entre le spirituel et le temporel.

La trésorière entra un moment après, amenant l'étrangère au long voile que nous connaissons déjà.

Madame Louise avait l'œil perçant de la famille, cet œil fut fixé sur Lorenza Feliciani du moment où elle entra dans le cabinet : mais elle reconnut dans la jeune femme tant d'humilité, tant de grâce, tant de beauté sublime, elle vit enfin tant d'innocence dans ses grands yeux noirs noyés de larmes encore récentes, que ses dispositions envers elle, d'hostiles qu'elles étaient d'abord, devinrent bienveillantes et fraternelles.

— Approchez, madame, dit la princesse, et parlez.

La jeune femme fit un pas en tremblant et voulut mettre un genou en terre.

La princesse la releva.

— N'est-ce pas vous, madame, dit-elle, qu'on appelle Lorenza Feliciani?

— Oui, madame.

— Et vous désirez me confier un secret?

— Oh! j'en meurs de désir.

— Mais pourquoi n'avez-vous pas recours au tribunal de la pénitence? Je n'ai pouvoir que de consoler, moi; un prêtre console et pardonne.

Madame Louise prononça ces derniers mots en hésitant.

— Je n'ai besoin que de consolation. madame répondit Lorenza, et d'ailleurs, c'est à une femme seulement que j'oserais dire ce que j'ai à vous raconter.

— C'est donc un récit bien étrange que celui que vous allez me faire?

— Oui, bien étrange. Mais écoutez-moi patiemment, Madame; c'est à vous seule que je puis parler, je vous le répète, parce que vous êtes femme, et ensuite parce que vous êtes toute puissante, et qu'il me faut presque le bras de Dieu pour me défendre.

— Vous défendre! Mais on vous poursuit donc? mais on vous attaque donc?

— Oh! oui, Madame, oui, l'on me poursuit, s'écria l'étrangère, avec un indicible effroi.

— Alors, madame, réfléchissez à une chose, dit la princesse ; c'est que cette maison est un couvent et non une forteresse, c'est que rien de ce qui agite les hommes n'y pénètre que pour s'éteindre ; c'est que rien de ce qui peut les servir contre les autres hommes ne s'y trouve ; ce n'est point ici la maison de la justice, de la force et de la répression, c'est tout simplement la maison de Dieu.

— Oh! voilà, voilà ce que je cherche justement, dit Lorenza. Oui, c'est la maison de Dieu, car dans la maison de Dieu seulement je puis vivre en repos.

— Mais Dieu n'admet pas les vengeances; comment voulez-vous que nous vous vengions de votre ennemi? Adressez-vous aux magistrats.

— Les magistrats ne peuvent rien, madame, contre celui que je redoute.

— Qu'est-il donc? fit la supérieure avec un secret et involontaire effroi.

Lorenza se rapprocha de la princesse sous l'empire d'une mystérieuse exaltation.

— Ce qu'il est, madame, dit-elle, c'est, j'en suis certaine, un de ces démons qui font la guerre aux hommes, et que Satan, leur prince, a doués d'une puissance surhumaine.

— Que me dites-vous là ? fit la princesse en regardant cette femme pour bien s'assurer qu'elle n'était pas folle.

— Et moi, moi ! oh ! malheureuse que je suis, s'écria Lorenza en tordant ses beaux bras, qui semblaient moulés sur ceux d'une statue antique; moi, je me suis trouvée sur le chemin de cet homme ! et moi, moi, je suis...

— Achevez !

Lorenza se rapprocha encore de la princesse, puis, tout bas, et comme épouvantée elle-même de ce qu'elle allait dire :

—Moi, je suis possédée ! murmura-t-elle.

—Possédée! s'écria la princesse; voyons, madame, dites, êtes-vous dans votre bon sens! et ne seriez-vous point...

— Folle, n'est-ce pas? c'est ce que vous voulez dire. Non, je ne suis pas folle, mais je pourrai bien le devenir si vous m'abandonnez.

— Possédée! répéta la princesse.

— Hélas! hélas!

— Mais, permettez-moi de vous le dire, je vous vois en toutes choses semblable aux créatures les plus favorisées de Dieu, vous paraissez riche, vous êtes belle, vous vous exprimez raisonnablement, votre visage ne porte aucune trace de cette terrible et mystérieuse maladie qu'on appelle la possession.

— Madame, c'est dans ma vie, c'est dans les aventures de cette vie que réside le secret sinistre que je voudrais me cacher à moi-même.

— Expliquez-vous, voyons. Suis-je donc la première à qui vous parlez de votre malheur : vos parents, vos amis?

— Mes parents! s'écria la jeune femme en croisant les mains avec douleur, pauvres parents, les reverrai-je jamais? Des amis, ajouta-t-elle avec amertume, hélas! madame, est-ce que j'ai des amis!

— Voyons, procédons par ordre, mon enfant, dit madame Louise essayant de tracer un chemin aux paroles de l'étrangère. Quels sont vos parents, et comment les avez-vous quittés?

— Madame, je suis Romaine, et j'habitais Rome avec eux. Mon père est de vieille noblesse; mais comme tous les patriciens de Rome, il est pauvre. J'ai de plus ma mère et un frère aîné. En France, m'a-t-on dit, lorsqu'une famille aristocratique comme l'est la mienne a un fils et une fille, on sacrifie la dot de la fille pour acheter l'épée du fils. Chez nous, on sacrifie la fille pour pousser le fils dans les ordres. Or, je n'ai, moi, reçu aucune éducation, parce qu'il fallait faire face à l'éducation de mon frère qui étudie, comme disait naïvement ma mère, afin de devenir cardinal.

— Après?

— Il en résulte, madame, que mes parents s'imposèrent tous les sacrifices qu'il était en leur pouvoir de s'imposer pour aider mon frère, et que l'on résolut de me faire prendre le voile chez les carmélites de Subiaco.

— Et vous, que disiez-vous?

— Rien, madame. Dès ma jeunesse, on m'avait présenté cet avenir comme une nécessité. Je n'avais ni force ni volonté. On ne me consultait pas, d'ailleurs, on ordonnait, et je n'avais pas autre chose à faire que d'obéir.

— Cependant...

— Madame, nous n'avons, nous autres, filles romaines, que désirs et impuissance. Nous aimons le monde comme les damnés aiment le paradis, sans le connaître. D'ailleurs, j'étais entourée d'exemples qui m'eussent condamnée si l'idée m'était venue de résister, mais elle ne me vint pas. Toutes les amies que j'avais connues et qui, comme moi, avaient des frères, avaient payé leur dette à l'illustration de la famille. J'aurais été mal fondée à me plaindre; on ne me demandait rien qui sortît des habitudes générales. Ma mère me caressa un peu plus, seulement, quand le jour s'approcha pour moi de la quitter.

Enfin, le jour où je devais commencer mon noviciat arriva, mon père réunit cinq cents écus romains, destinés à payer ma dot au couvent, et nous partîmes pour Subiaco.

Il y a huit à neuf lieues de Rome à Subiaco, mais les chemins de la montagne sont si mauvais, que cinq heures après notre départ, nous n'avions fait encore que trois lieues. Cependant, le voyage, tout fatigant qu'il était en réalité, me plaisait. Je lui souriais comme à mon dernier bonheur, et tout le long du chemin, je disais tout bas adieu aux arbres, aux buissons, aux pierres, aux herbes desséchées même. Qui savait si là-bas, au couvent, il y avait de l'herbe, des pierres, des buissons et des arbres!

Tout à coup, au milieu de mes rêves, et comme nous passions entre un petit bois et une masse de rochers crevassés, la voiture s'arrêta, j'entendis ma mère pousser un cri, mon père fit un mouvement pour saisir des pistolets. Mes yeux et mon esprit retombèrent du ciel sur la terre; nous étions arrêtés par des bandits.

— Pauvre enfant, dit madame Louise, qui prenait de plus en plus intérêt à ce récit.

— Eh bien ! vous le dirai-je, madame, je ne fus pas fort effrayée, car ces hommes nous arrêtaient pour notre argent, et l'argent qu'ils allaient nous prendre était destiné à payer ma dot au couvent. S'il n'y avait plus de dot, mon entrée au couvent était retardée de tout le temps qu'il faudrait à mon père pour en trouver une autre, et je savais la peine et le temps que ces cinq cents écus avaient coûtés à réunir.

Mais quand, après ce premier butin partagé, au lieu de nous laisser continuer notre route, les bandits s'élancèrent sur moi, quand je vis les efforts de mon père pour me défendre, quand je vis les larmes de ma mère pour les supplier, je compris qu'un grand malheur, qu'un malheur inconnu me menaçait, et je me mis à crier miséricorde, par ce sentiment naturel qui vous porte à appeler au secours, car je savais bien que j'appelais inutilement, et que dans ce lieu sauvage, personne ne m'entendrait.

Aussi, sans s'inquiéter de mes cris, des larmes de ma mère, des efforts de mon père, les bandits me lièrent les mains derrière le dos et me brûlant de leurs regards hideux que je compris alors tant la terreur me faisait clairvoyante, ils se mirent, avec des dés qu'ils tirèrent de leur poche, à jouer sur le mouchoir de l'un d'eux.

Ce qui m'effraya le plus, c'est qu'il n'y avait point d'enjeu sur l'ignoble tapis.

Pendant tout le temps que les dés passèrent de main en main, je frissonnai ; car je compris que j'étais la chose qu'ils jouaient.

Tout à coup, l'un d'eux, poussant un rugissement de triomphe se leva, tandis que les autres blasphémaient en grinçant des dents, courut à moi, me saisit dans ses bras et posa ses lèvres sur les miennes.

Le contact d'un fer rouge ne m'eût point fait pousser un cri plus déchirant.

— Oh! la mort, la mort, mon Dieu! m'écriai-je.

Ma mère se roulait sur la terre, mon père s'évanouit.

Je n'avais plus qu'un espoir. C'est que l'un ou l'autre des bandits qui avaient perdu me tuerait, dans un moment de rage, d'un coup du couteau qu'ils serraient dans leurs mains crispées.

J'attendais le coup, je l'espérais, je l'invoquais.

Tout à coup un homme à cheval parut dans le sentier.

Il avait parlé bas à une des sentinelles qui l'avait laissé passer en échangeant un signe avec lui.

Cet homme de taille moyenne, d'une physionomie imposante, d'un coup d'œil résolu, continua de s'avancer calme et tranquille au pas ordinaire de son cheval.

Arrivé en face de moi, il s'arrêta.

Le bandit qui déjà m'avait pris dans ses

bras, et qui commençait à m'emmener. se retourna au premier coup de sifflet que cet homme donna dans le manche de son fouet.

Le bandit me laissa glisser jusqu'à terre.

— Viens ici, dit l'inconnu.

Et comme le bandit hésitait, l'inconnu forma un angle avec son bras, posa deux doigts écartés sur sa poitrine. Et comme si ce signe eût été l'ordre d'un maître tout-puissant, le bandit s'approcha de l'inconnu.

Celui-ci se pencha à l'oreille du bandit. et tout bas prononça le mot :

Mac.

Il ne prononça que ce seul mot, j'en suis sûre, moi qui regardais comme on regarde le couteau qui va vous tuer; moi qui écoutais comme on écoute quand la parole qu'on attend doit être la mort ou la vie.

— *Benac,* répondit le brigand.

Puis, dompté comme un lion et rugissant comme lui, il revint à moi, détacha la corde qui me liait les poignets, et alla en faire autant à mon père et à ma mère.

Alors, comme l'argent était déjà partagé, chacun vint à son tour déposer sa part sur une pierre. Pas un écu ne manqua aux cinq cents écus.

Pendant ce temps, je me sentais revivre aux bras de mon père et de ma mère.

— Maintenant, allez... dit-il aux bandits.

Les bandits obéirent et rentrèrent dans le bois jusqu'au dernier.

— Lorenza Feliciani, dit alors l'étranger en me couvrant de son regard surhumain, continue ta route maintenant, tu es libre.

Mon père et ma mère remercièrent l'étranger qui me connaissait, et que nous ne connaissions pas, nous. Puis ils remontèrent dans la voiture. Je les suivis comme à regret, car je ne sais quelle puissance étrange, irrésistible m'attirait vers mon sauveur.

Lui était resté immobile à la même place, comme pour continuer de nous protéger.

Je l'avais regardé tant que j'avais pu le voir, et ce n'est que lorsque je l'eus perdu de vue tout à fait que l'oppression qui serrait ma poitrine disparut.

Deux heures après, nous étions à Subiaco.

— Mais quel était donc cet homme extraordinaire? demanda la princesse, émue de la simplicité de ce récit.

— Daignez encore m'écouter, madame, dit Lorenza. Hélas! tout n'est pas fini!

— J'écoute, dit Madame Louise.

La jeune femme continua.

Nous arrivâmes à Subiaco deux heures après cet événement.

Pendant toute la route, nous n'avions fait que nous entretenir, mon père, ma mère et moi, de ce singulier sauveur qui nous était venu tout à coup, mystérieux et puissant, comme un envoyé du ciel.

Mon père, moins crédule que moi, le soupçonnait chef d'une de ces bandes qui, bien que divisées en fragments autour de Rome, relèvent de la même autorité, et sont inspectées de temps en temps par le chef suprême, lequel, investi d'une autorité absolue, récompense, punit et partage.

Mais moi, moi qui cependant ne pouvais lutter d'expérience avec mon père ; moi qui obéissais à mon instinct, qui subissais le pouvoir de ma reconnaissance, je ne croyais pas, je ne pouvais pas croire que cet homme fût un bandit.

Aussi, dans mes prières de chaque soir à

la Vierge, je consacrais une phrase destinée à appeler les grâces de la madone sur mon sauveur inconnu.

Dès le même jour, j'entrai au couvent. La dot était retrouvée, rien n'empêchait qu'on ne m'y reçût. J'étais plus triste, mais aussi plus résignée que jamais. Italienne et superstitieuse, cette idée m'était venue que Dieu tenait à me posséder pure, entière et sans tache, puisqu'il m'avait délivrée de ces bandits, suscités sans doute par le démon pour souiller la couronne d'innocence que Dieu seul devait détacher de mon front. Aussi m'élançai-je avec toute l'ardeur de mon caractère dans les empressements de mes supérieurs et de mes parents. On me fit adresser une demande au souverain pontife à l'effet de me voir dispensée du noviciat. Je l'écrivis, je la signai. Elle avait été rédigée par mon père dans les termes d'un si ardent désir, que Sa Sainteté crut voir dans cette demande, l'ardente aspiration d'une âme dégoûtée du monde vers la solitude. Elle accorda tout ce qu'on lui demandait, et le noviciat d'un an, de deux ans quelquefois pour les autres, fut, par faveur spéciale, fixé pour moi à un mois.

On m'annonça cette nouvelle qui ne me causa ni douleur ni joie. On eût dit que j'étais déjà morte au monde, et que l'on opérait sur un cadavre auquel son ombre impassible survivait seule.

Quinze jours on me tint renfermée, de crainte que l'esprit mondain ne me vînt saisir. Vers le matin de ce quinzième jour, je reçus l'ordre de descendre à la chapelle avec les autres sœurs.

En Italie, les chapelles des couvents sont des églises publiques. Le pape ne croit pas sans doute qu'il soit permis à un prêtre de confisquer Dieu en quelque endroit qu'il se manifeste à ses adorateurs.

J'entrai dans le chœur, et je pris ma

stalle. Il y avait entre les toiles vertes qui fermaient les grilles de ce chœur, ou plutôt qui affectaient de les fermer, il y avait, dis-je, un espace assez grand pour que l'on distinguât la nef.

Je vis par cet espace donnant pour ainsi dire sur la terre un homme demeuré seul debout au milieu de la foule prosternée. Cet homme me regardait, ou plutôt il me dévorait des yeux. Je sentis alors cet étrange mouvement de malaise que j'avais déjà éprouvé; cet effet surhumain qui m'attirait, pour ainsi dire hors de moi-même, comme à travers une feuille de papier, une planche, un plat même, j'avais vu mon frère attirer une aiguille avec un fer aimanté.

Hélas! vaincue, subjuguée, sans force contre cette attraction, je me penchai vers lui, je joignis les mains comme on les joint devant Dieu, et des lèvres et du cœur à la fois je lui dis :

— Merci, merci.

Mes sœurs me regardèrent avec surprise, elles n'avaient rien compris à mon mouvement, rien compris à mes paroles ; elles suivirent la direction de mes mains, de mes yeux, de ma voix. Elles se haussèrent sur leurs stalles pour regarder à leur tour dans la nef. Je regardai aussi en tremblant.

L'étranger avait disparu.

Elles m'interrogèrent, mais je ne sus que rougir, pâlir et balbutier.

Depuis ce moment, madame, s'écria Lorenza avec désespoir, depuis ce moment, je suis au pouvoir du démon !

— Je ne vois rien de surnaturel en tout ceci cependant, ma sœur, répondit la princesse avec un sourire ; calmez-vous donc et continuez.

— Oh ! parce que vous ne pouvez pas sentir ce que j'éprouvai, moi.

— Qu'éprouvâtes-vous ?

— La possession tout entière : mon cœur, mon âme, ma raison, le démon possédait tout.

— Ma sœur, j'ai bien peur que ce démon ne fût l'amour, dit Madame Louise.

— Oh ! l'amour ne m'eût point fait souffrir ainsi, l'amour n'eût point oppressé mon cœur, l'amour n'eût point secoué tout mon corps comme le vent d'orage fait d'un arbre, l'amour ne m'eût pas donné la mauvaise pensée qui me vint.

— Dites cette mauvaise pensée, mon enfant.

— J'aurais dû tout avouer à mon confesseur, n'est-ce pas, madame ?

— Sans doute.

— Eh bien ! le démon qui me possédait me souffla tout bas, au contraire, de garder le secret. Pas une religieuse, peut-être, n'était entrée dans le cloître sans laisser dans le monde qu'elle abandonnait un souvenir d'amour. Beaucoup avaient un nom dans le cœur en invoquant le nom de Dieu. Le directeur était habitué à de pareilles confidences. Eh bien ! moi, si pieuse, si timide, si candidement innocente, moi qui avant ce fatal voyage de Subiaco, n'avais jamais échangé une seule parole avec un autre homme que mon frère, moi qui depuis lors n'avais croisé que deux fois mon regard avec l'inconnu, je me figurai, madame, qu'on m'attribuerait, avec cet homme, une de ces intrigues qu'avant de prendre le voile chacune de nos sœurs avait eues avec leurs regrettés amants.

— Mauvaise pensée en effet, dit Madame Louise, mais c'est encore un démon bien innocent que celui qui n'inspire à la femme qu'il possède que de semblables pensées. Continuez.

— Le lendemain, on me demanda au parloir, Je descendis; je trouvai une de mes voisines de la Via Frattina, à Rome, jeune femme qui me regrettait beaucoup, parce que chaque soir nous causions et chantions ensemble.

Derrière elle, auprès de la porte, un homme enveloppé d'un manteau l'attendait comme eût fait un valet. Cet homme ne se tourna point vers moi ; cependant, moi, je me tournai vers lui. Il ne me parla point, et cependant je le devinai ; c'était encore mon protecteur inconnu.

Le même trouble que j'avais déjà éprouvé se répandit dans mon cœur. Je me sentis tout entière envahie par la puissance de cet homme. Sans les barreaux qui me retenaient captive, j'eusse bien certainement été à lui. Il y avait dans l'ombre de son manteau des rayonnements étranges qui m'éblouissaient. Il y avait dans son silence obstiné des bruits entendus de moi seule, et qui me parlaient une langue harmonieuse.

Je pris sur moi-même toute la puissance que je pouvais avoir, et demandai à ma voisine de la Via Frattina quel était cet homme qui l'accompagnait.

Elle ne le connaissait point. Son mari devait venir avec elle; mais, au moment de partir, il était rentré accompagné de cet homme, et lui avait dit :

— Je ne puis te conduire à Subiaco.

mais voici mon ami qui t'accompagnera.

Elle n'en avait pas demandé davantage. tant elle avait envie de me revoir, et elle était venue dans la compagnie de l'inconnu.

Ma voisine était une sainte femme ; elle vit dans un coin du parloir une madone qui avait la réputation d'être fort miraculeuse, elle ne voulut point sortir sans y avoir fait sa prière, elle alla s'agenouiller devant elle.

Pendant ce temps, l'homme entra sans bruit, s'approcha lentement de moi, ouvrit son manteau et plongea ses regards dans les miens comme il eût fait de deux rayons ardents.

J'attendais qu'il parlât ; ma poitrine se soulevait pour ainsi dire, montant comme une vague au-devant de sa parole : mais il se contenta d'étendre ses deux mains au-dessus de ma tête en les approchant de la grille qui nous séparait. Aussitôt, une extase inouïe s'empara de moi ; il me souriait. Je lui rendis son sourire tout en fermant les yeux comme écrasée sous une langueur infinie. Pendant ce temps, comme s'il n'avait pas désiré autre chose que de s'assurer de sa puissance sur moi, il disparut ; à mesure qu'il s'éloignait, je reprenais mes sens ; cependant, j'étais encore sous l'empire de cette étrange hallucination, quand ma voisine de la via Frattina.

ayant achevé sa prière, se releva, prit congé de moi, m'embrassa et sortit à son tour.

En me déshabillant le soir, je trouvai sous ma guimpe, un billet qui contenait seulement ces trois lignes:

« A Rome, celui qui aime une religieuse est puni de mort. Donnerez-vous la mort à qui vous devez la vie? »

De ce jour, madame, la possession fut complète, car je mentis à Dieu, en ne lui avouant pas que je songeais à cet homme autant et plus qu'à lui.

Lorenza, effrayée elle-même de ce

qu'elle venait de dire, s'arrêta pour interroger la physionomie si douce et si intelligente de la princesse.

— Tout cela n'est point de la possession. dit Madame Louise de France avec fermeté. C'est une malheureuse passion, je vous le répète, et je vous l'ai dit, les choses du monde ne doivent point entrer jusqu'ici. sinon à l'état de regrets.

— Des regrets, madame ! s'écria Lorenza. Quoi ! vous me voyez en larmes, en prières, vous me voyez à genoux vous suppliant de me soustraire au pouvoir infernal de cet homme, et vous me demandez si j'ai des regrets! Oh! j'ai plus que des regrets, j'ai des remords.

— Cependant, jusqu'à cette heure, dit Madame Louise.

— Attendez, attendez jusqu'au bout, fit Lorenza, et alors ne me jugez pas trop sévèrement, je vous en supplie, madame.

— L'indulgence et la douceur me sont recommandées, et je suis aux ordres de toute souffrance.

— Merci! oh! merci! vous êtes véritablement l'ange consolateur que j'étais venue chercher.

Nous descendions à la chapelle trois jours par semaine; à chacun de ces offices, l'inconnu assista. J'avais voulu résister; j'avais dit que j'étais malade; j'avais résolu que je ne descendrais point! Faiblesse humaine! quand venait l'heure, je descendais malgré moi, et comme si une force supérieure à ma volonté m'eût poussée; alors, s'il n'était point arrivé, j'avais quelques instants de calme et de bien-être; mais à mesure qu'il approchait, je le sentais venir. J'aurais pu dire : il est à cent pas, il est au seuil de la porte, il est dans l'église, et cela sans regarder de son côté; puis, arrivé à sa place accoutumée, mes yeux fussent-ils fixés sur mon livre de prières pour l'invocation la plus sainte, mes yeux se détournaient pour s'arrêter sur lui.

Alors, si longtemps que se prolongeât l'office, je ne pouvais plus ni lire ni prier. Toute ma pensée, toute ma volonté, toute mon âme, étaient dans mes regards, et tous mes regards étaient pour cet homme qui, je le sentais bien, me disputait à Dieu.

D'abord, je n'avais pu le regarder sans crainte; ensuite, je le désirai; enfin je courus avec la pensée au-devant de lui. Et souvent, comme on voit dans un songe, il me semblait le voir la nuit dans la rue ou le sentir passer sous ma fenêtre.

Cet état n'avait point échappé à mes

compagnes. La supérieure en fut prévenue; elle prévint ma mère. Trois jours avant celui où je devais prononcer mes vœux, je vis entrer dans ma cellule les trois seuls parents que j'eusse au monde; mon père, ma mère, mon frère.

Ils venaient pour m'embrasser encore une fois, disaient-ils, mais je vis bien qu'ils avaient un autre but, car, restée seule avec moi, ma mère m'interrogea. Dans cette circonstance, il est facile de reconnaître l'influence du démon, car, au lieu de lui tout dire, comme j'eusse dû le faire, je niai tout obstinément.

Le jour où je devais prendre le voile

était venu au milieu d'une étrange lutte. Désirant et redoutant l'heure qui me donnerait tout entière à Dieu, et sentant bien que si le démon avait quelque tentative suprême à faire sur moi, ce serait à cette heure solennelle qu'il l'essayerait.

— Et cet homme étrange ne vous avait pas écrit depuis la première lettre que vous trouvâtes dans votre guimpe? demanda la princesse.

— Jamais, madame.

— A cette époque, vous ne lui aviez jamais parlé?

— Jamais, sinon mentalement.

— Ni écrit?

— Oh! jamais.

— Continuez. Vous en étiez au jour où vous prîtes le voile.

— Ce jour-là, comme je le disais à Votre Altesse, je devais enfin voir finir mes tortures, car tout mêlé qu'il était d'une douceur étrange, c'était un supplice inimaginable pour une âme restée chrétienne que l'obsession d'une pensée, d'une forme toujours présente et imprévue, toujours railleuse par l'à-propos qu'elle mettait à m'apparaître juste dans mes moments de lutte contre elle et par son obstination à me dominer alors invinciblement. Aussi, il y avait des moments où j'appelais cette heure sainte de tous mes vœux. Quand je serai à Dieu, me disais-je, Dieu saura bien me défendre, comme il m'a défendue lors de l'attaque des bandits. J'oubliais que lors de l'attaque des bandits, Dieu ne m'avait défendue que par l'entremise de cet homme.

Cependant, l'heure de la cérémonie était venue. J'étais descendue à l'église, pâle, inquiète, mais cependant moins agitée que d'habitude; mon père, ma mère, mon frère, cette voisine de la Via Frattina qui m'était venue voir, tous nos autres amis étaient dans l'église, tous les habitants des villages voisins étaient accourus, car le bruit s'était répandu que j'étais belle, et une belle victime, dit-on, est plus agréable au Seigneur. L'office commença.

Je le hâtais de tous mes vœux, de toutes mes prières, car il n'était pas dans l'église, et je me sentais, lui absent, assez maîtresse de mon libre arbitre. Déjà le prêtre se tournait vers moi, me montrant le Christ auquel j'allais me consacrer, déjà j'étendais les bras vers ce seul et unique Sauveur donné à l'homme, quand le tremblement habituel qui m'annonçait son approche commença d'agiter mes membres ; quand le coup qui comprimait ma poi-

trine m'indiqua qu'il venait de mettre le
pied sur le seuil de l'église, quand enfin
l'attraction irrésistible amena mes yeux
du côté opposé à l'autel, quelques efforts qu'ils fissent pour rester fidèles au
Christ.

Mon persécuteur était debout près de
la chaire et plus appliqué que jamais à me
regarder.

De ce moment, je lui appartenais :
plus d'office, plus de cérémonie, plus de
prières.

Je crois qu'on me questionna selon le
rite, mais je ne répondis pas. Je me sou-

viens que l'on me tira par le bras et que je vacillai comme une chose inanimée que l'on déplace de sa base. On me montra des ciseaux sur lesquels un rayon du soleil venait refléter son éclair terrible : l'éclair ne me fit pas sourciller. Un instant après, je sentis le froid du fer sur mon cou, le grincement de l'acier dans ma chevelure.

En ce moment, il me sembla que toutes les forces me manquaient, que mon âme s'élançait de mon corps pour aller à lui, et je tombai étendue sur la dalle, non pas, chose étrange, comme une personne évanouie, mais comme une personne prise de sommeil. J'entendis un grand murmure, puis je devins sourde, muette, insensible. La cérémonie fut interrompue avec un épouvantable tumulte.

La princesse joignit les mains avec compassion.

— N'est-ce pas, dit Lorenza, que c'est là un terrible événement, et dans lequel il est facile de reconnaître l'intervention de l'ennemi de Dieu et des hommes?

— Prenez garde, dit la princesse, avec un accent de tendre compassion, prenez garde, pauvre femme, je crois que vous avez trop de pente à attribuer au merveilleux ce qui n'est l'effet que d'une faiblesse naturelle. En voyant cet homme vous vous êtes évanouie, et voilà tout ; il n'y a rien autre chose ; continuez.

— Oh! madame, madame, ne me dites pas cela, s'écria Lorenza, ou du moins, attendez pour porter un jugement que vous ayez tout entendu. Rien de merveilleux! continua-t-elle, mais alors, n'est-ce pas, je fusse revenue à moi, dix minutes, un quart d'heure, une heure après mon évanouissement. Je me serais entretenue avec mes sœurs, j'aurais repris courage et foi parmi elles ?

— Sans doute, dit Madame Louise. Eh bien! n'est-ce pas ainsi que la chose est arrivée?

— Madame, dit Lorenza d'une voix sourde et accélérée, lorsque je revins à moi, il faisait nuit. Un mouvement rapide et saccadé me fatiguait depuis quelques minutes. Je soulevai ma tête, croyant être sous la voûte de la chapelle ou sous les rideaux de ma cellule. Je vis des rochers, des arbres, des nuages : puis, au milieu de tout cela, je sentais une haleine tiède qui me caressait le visage. Je crus que la sœur infirmière me prodiguait ses soins, et je voulus la remercier..... Madame, ma tête reposait sur la poitrine d'un homme, et cet homme était mon persécuteur. Je portai les yeux et les mains sur moi-même pour m'assurer si je vivais ou du moins si je veillais. Je poussai un cri. J'étais vêtue de blanc. J'avais sur le front une couronne de roses blanches, comme une fiancée ou comme une morte.

La princesse poussa un cri; Lorenza laissa tomber sa tête dans ses deux mains.

— Le lendemain, continua en sanglotant Lorenza, le lendemain, je vérifiai le temps qui s'était écoulé ; nous étions au mercredi. J'étais donc restée pendant trois jours sans connaissance; pendant ces trois jours, j'ignore entièrement ce qui s'est passé.

III

Le comte de Fœnix.

Pendant longtemps un silence profond laissa les deux femmes l'une à ses méditations douloureuses, l'autre à son étonnement facile à comprendre.

Enfin, Madame Louise rompit la première le silence.

— Et vous n'avez rien fait pour faciliter cet enlèvement? dit-elle.

— Rien, madame.

— Et vous ignorez comment vous êtes sortie du couvent?

— Je l'ignore.

— Cependant, un couvent est bien fermé, bien gardé, il y a des barreaux aux fenêtres, des murs presque infranchissables, une tourière qui ne quitte pas ses clefs. Cela est ainsi, en Italie surtout, où les règles sont plus sévères encore qu'en France.

— Que vous dirai-je? madame, quand

moi-même, depuis ce moment, je m'abime à creuser mes souvenirs sans y rien trouver.

— Mais vous lui reprochâtes votre enlèvement ?

— Sans doute.

— Que vous répondit-il pour s'excuser ?

— Qu'il m'aimait.

— Que lui dites-vous ?

— Qu'il me faisait peur.

— Vous ne l'aimiez donc pas ?

— Oh ! non ! non !

— En étiez-vous bien sûre?

— Hélas! madame, c'était un sentiment étrange que j'éprouvais pour cet homme. Lui, là, je ne suis plus moi, je suis lui; ce qu'il veut je le veux; ce qu'il ordonne, je le fais; mon âme n'a plus de puissance, mon esprit plus de volonté; un regard me dompte et me fascine. Tantôt il semble pousser jusqu'au fond de mon cœur des pensées qui ne sont pas les miennes, tantôt il semble attirer au dehors de moi des idées si bien cachées jusqu'alors à moi-même, que je ne les avais pas devinées. Oh! vous voyez bien, madame, qu'il y a magie.

—C'est étrange, au moins, si ce n'est pas surnaturel, dit la princesse. Mais après cet enlèvement, comment viviez-vous avec cet homme?

— Il me témoignait une vive tendresse, un sincère attachement.

— C'était un homme corrompu, peut-être?

— Je ne le crois pas; au contraire, il y a quelque chose de l'apôtre dans sa manière de parler.

— Allons, vous l'aimez, avouez-le?

—Non, non, madame, dit la jeune

femme avec une douloureuse volonté, non, je ne l'aime pas.

— Alors vous auriez dû fuir, vous auriez dû en appeler aux autorités, vous réclamer de vos parents.

— Madame, il me surveillait tellement que je ne pouvais fuir.

— Que n'écriviez-vous?

— Nous nous arrêtions partout sur la route dans des maisons qui semblaient lui appartenir, où chacun lui obéissait. Plusieurs fois, je demandai du papier, de l'encre et des plumes; mais ceux à qui je m'adressais étaient sans doute renseignés par lui; jamais aucun ne me répondit.

— Mais en route, comment voyagiez-vous?

— D'abord, en chaise de poste; mais à Milan, nous trouvâmes non plus une chaise de poste, mais une espèce de maison roulante dans laquelle nous continuâmes notre chemin.

—Mais, enfin, il était obligé parfois de vous laisser seule?

— Oui; alors, il s'approchait de moi, il me disait : Dormez. Et je m'endormais, et ne me réveillais qu'à son retour.

Madame Louise secoua la tête d'un air d'incrédulité.

— Vous ne désiriez pas fuir énergiquement, dit-elle, sans quoi vous y fussiez parvenue?

— Hélas! il me semble cependant que si, madame... Mais aussi, peut-être étais-je fascinée!

— Par ses paroles d'amour, par ses caresses?

— Il me parlait rarement d'amour, madame, et, à part un baiser sur le front le soir et un autre baiser au front le matin, je ne me rappelle point qu'il m'ait jamais fait d'autres caresses.

— Étrange, étrange, en vérité! murmura la princesse.

Cependant, sous l'empire d'un soupçon, elle reprit :

— Voyons, répétez-moi que vous ne l'aimez pas.

— Je vous le répète, madame.

— Redites-moi que nul lien terrestre ne vous attache à lui.

— Je vous le redis.

— Que s'il vous réclame, il n'aura aucun droit à faire valoir.

— Aucun !

— Mais enfin, continua la princesse, comment êtes-vous venue ici ? voyons, car je m'y perds.

— Madame, j'ai profité d'un violent orage qui nous surprit un peu au delà d'une ville qu'on appelle, je crois, Nancy. Il avait quitté sa place près de moi; il était entré dans le second compartiment de sa voiture, pour causer avec un vieillard qui habitait ce second compartiment, je sautai sur son cheval et je m'enfuis.

— Et qui vous fit donner la préférence à la France, au lieu de retourner en Italie?

— Je réfléchis que je ne pouvais retourner à Rome, puisque bien certainement on devait croire que j'avais agi de complicité avec cet homme ; j'y étais déshonorée, mes parents ne m'eussent point reçue.

Je résolus donc de fuir à Paris et d'y vivre cachée, ou bien de gagner quelqu'autre capitale où je puisse me perdre à tous les regards, et aux siens surtout.

Quand j'arrivai à Paris, toute la ville était émue de votre retraite aux Carmélites, madame; chacun vantait votre piété, votre sollicitude pour les malheureux, votre compassion pour les affligés. Ce me fut un trait de lumière, madame, je fus frappée de cette conviction que vous seule étiez assez généreuse pour m'accueillir, assez puissante pour me défendre.

— Vous en appelez toujours à ma puissance, mon enfant; il est donc bien puissant, lui?

— Oh ! oui.

— Mais qui est-il, voyons? Par délicatesse, j'ai jusqu'à présent tardé à vous le demander; cependant, si je dois vous défendre, faut-il encore que je sache contre qui.

— Oh! madame, voilà encore en quoi il m'est impossible de vous éclairer. J'ignore complétement qui il est et ce qu'il est : tout ce que je sais, c'est qu'un roi n'inspire pas plus de respect, un dieu plus d'adorations que n'en ont pour lui les gens auxquels il daigne se révéler.

— Mais son nom, comment s'appelle-t-il ?

— Madame, je l'ai entendu appeler de bien des noms différents. Cependant, deux seulement me sont restés dans la mémoire.

L'un est celui que lui donne ce vieillard dont je vous ai déjà parlé et qui fut notre compagnon de voyage depuis Milan jusqu'à l'heure où je l'ai quitté : l'autre est celui qu'il se donnait lui-même.

— Quel était le nom dont l'appelait le vieillard ?

— Acharat... n'est-ce pas un nom antichrétien, dites madame ?...

— Et celui qu'il se donnait à lui-même ?

— Joseph Balsamo.

— Et lui ?

— Lui !... connaît tout le monde, devine tout le monde ; il est contemporain de tous les temps ; il vécut dans tous les âges ; il parle..... oh ! mon Dieu ! pardonnez-lui de pareils blasphèmes ! d'Alexandre, de César, de Charlemagne, comme s'il les avait connus, et cependant, je crois que tous ces hommes-là sont morts depuis bien longtemps ; mais encore de Caïphe, de Pilate, de Notre Seigneur Jésus-Christ, enfin, comme s'il eût assisté à son martyre.

— C'est quelque charlatan alors, dit la princesse.

— Madame, je ne sais peut-être point

parfaitement ce que veut dire en France le nom que vous venez de prononcer, mais ce que je sais, c'est que c'est un homme dangereux, terrible, devant lequel tout plie, tout tombe, tout s'écroule ; que l'on croit sans défense, et qui est armé ; que l'on croit seul, et qui fait sortir des hommes de terre. Et cela sans force, sans violence, avec un mot, un geste... en souriant.

— C'est bien, dit la princesse, quel que soit cet homme, rassurez-vous, mon enfant, vous serez protégée contre lui.

— Par vous, n'est-ce pas, madame?

— Oui, par moi, et cela tant que vous

ne renoncerez pas vous-même à cette protection. Mais ne croyez plus, mais surtout ne cherchez plus à me faire croire aux surnaturelles visions que votre esprit malade a enfantées. Les murs de Saint-Denis, en tout cas, vous seront un rempart assuré contre le pouvoir infernal; et même, croyez-moi, contre un pouvoir bien plus à craindre, contre le pouvoir humain. Maintenant, madame, que comptez-vous faire?

— Avec ces bijoux qui m'appartiennent, madame, je compte payer ma dot dans un couvent, dans celui-ci, si c'est possible.

Et Lorenza déposa sur une table de précieux bracelets, des bagues de prix, un diamant magnifique et de superbes boucles d'oreilles. Le tout pouvait valoir vingt mille écus.

— Ces bijoux sont à vous? demanda la princesse.

— Ils sont à moi, madame; il me les a donnés, et je les rends à Dieu. Je ne désire qu'une chose.

— Laquelle, dites?

— C'est que son cheval arabe Djérid, qui fut l'instrument de ma délivrance, lui soit rendu s'il le réclame.

— Mais vous, à aucun prix, n'est-ce pas, vous ne voulez retourner avec lui ?

— Moi, je ne lui appartiens pas.

— C'est vrai, vous l'avez dit. Ainsi, madame, vous continuez à vouloir entrer au couvent de Saint-Denis et à y continuer les pratiques de religion interrompues à Subiaco par l'étrange événement que vous m'avez raconté ?

— C'est mon vœu le plus cher, madame, et je sollicite cette faveur à vos genoux.

— Eh bien, soyez tranquille, mon enfant, dit la princesse, dès aujourd'hui, vous vivrez parmi nous, et lorsque vous nous aurez montré combien vous tenez à obtenir cette faveur; lorsque par votre exemplaire conduite, à laquelle je m'attends, vous l'aurez méritée, ce jour-là, vous appartiendrez au Seigneur, et je vous réponds que nul ne vous enlèvera de Saint-Denis, lorsque la supérieure veillera sur vous.

Lorenza se précipita aux pieds de sa protectrice, lui prodiguant les plus tendres, les plus sincères remercîments.

Mais tout à coup, elle se releva sur un genou, écouta, pâlit, trembla.

— Oh! mon Dieu! dit-elle, mon Dieu! mon Dieu!

— Quoi? demanda Madame Louise.

— Tout mon corps tremble, ne le voyez-vous pas? il vient, il vient!

— Qui cela ?

— Lui! lui qui a juré de me perdre.

— Cet homme?

— Oui, cet homme. Ne voyez-vous pas comme mes mains tremblent?

— En effet.

— Oh! s'écria-t-elle, le coup au cœur, il approche, il approche.

— Vous vous trompez.

— Non, non, madame. Tenez, malgré moi, il m'attire, voyez, retenez-moi, retenez-moi.

Madame Louise saisit la jeune femme par le bras.

— Mais remettez-vous, pauvre enfant, dit-elle; fût-ce lui, mon Dieu, vous êtes ici en sûreté.

— Il approche! il approche! vous dis-je, s'écria Lorenza, terrifiée, anéantie, les yeux fixes, le bras étendu vers la porte de la chambre.

— Folie! folie! dit la princesse. Est-ce que l'on entre ainsi chez Madame Louise de France!... Il faudrait que cet homme fût porteur d'un ordre du roi.

— Oh! madame, je ne sais comment il est entré, s'écria Lorenza en se renversant en arrière, mais ce que je sais, ce dont je suis certaine, c'est qu'il monte l'escalier... c'est qu'il est à dix pas d'ici, à peine... c'est que le voilà!

Tout à coup la porte s'ouvrit; la princesse recula, épouvantée malgré elle de cette coïncidence bizarre.

Une sœur parut.

— Qui est là? demanda Madame, et que voulez-vous?

— Madame, répondit la sœur, un gentilhomme vient de se présenter au couvent, qui veut parler à Votre Altesse royale.

— Son nom ?

— M. le comte de Fœnix.

— Est-ce lui ? demanda la princesse à Lorenza, et connaissez-vous ce nom ?

— Je ne connais pas ce nom ; mais c'est lui, madame, c'est lui.

— Que veut-il ? demanda la princesse à la religieuse.

— Chargé d'une mission près du roi

de France par Sa Majesté le roi de Prusse, il voudrait, dit-il, avoir l'honneur d'entretenir un instant Votre Altesse royale.

Madame Louise réfléchit un instant ; puis, se retournant vers Lorenza :

— Entrez dans ce cabinet, dit-elle.

Lorenza obéit.

— Et vous, ma sœur, continua la princesse, faites entrer ce gentilhomme.

La sœur s'inclina et sortit.

La première s'assura que la porte du cabinet était bien close, et revint à son fauteuil où elle s'assit, attendant, non sans une certaine émotion, l'événement qui allait s'accomplir.

Presque aussitôt, la sœur reparut.

Derrière elle, marchait cet homme que nous avons vu, le jour de la présentation, se faire annoncer chez le roi sous le nom du comte de Fœnix.

Il était revêtu du même costume, qui était un uniforme prussien, sévère dans sa coupe ; il portait la perruque militaire et le col noir, ses grands yeux, si expressifs, s'abaissèrent en présence de Madame Louise. mais seulement pour donner au respect tout ce qu'un homme, si haut placé qu'il soit comme simple gentilhomme, doit de respect à une fille de France.

Mais les relevant aussitôt comme s'il eût craint d'être aussi d'une trop grande humilité :

— Madame, dit-il, je rends grâce à Votre Altesse royale de la faveur qu'elle veut bien me faire. J'y comptais cependant, connaissant que Votre Altesse soutient généreusement tout ce qui est malheureux.

— En effet, monsieur, j'y essaie, dit la princesse avec dignité, car elle comptait terrasser après dix minutes d'entretien celui qui venait impudemment réclamer la protection d'autrui après avoir abusé de ses propres forces.

Le comte s'inclina sans paraître avoir compris le double sens des paroles de la princesse.

— Que puis-je donc pour vous, monsieur? continua Madame Louise, sur le même ton d'ironie.

— Tout madame.

— Parlez.

— Votre Altesse, que je ne fusse point, sans de graves motifs, venu importuner dans la retraite qu'elle s'est choisie, a donné, je le crois du moins, asile à une personne qui m'intéresse en tout point.

— Comment nommez-vous cette personne, monsieur?

— Lorenza Feliciani.

— Et que vous est cette personne? Est-ce votre alliée, votre parente. votre sœur?

— C'est ma femme.

— Votre femme? dit la princesse en élevant la voix, afin d'être entendue du cabinet; Lorenza Feliciani est la comtesse de Fœnix?

— Lorenza Feliciani est la comtesse

de Fœnix, oui, madame, répondit le comte avec le plus grand calme.

— Je n'ai point de comtesse de Fœnix aux Carmélites, monsieur, répliqua sèchement la princesse.

Mais le comte ne se regarda point comme battu et continua :

— Peut-être bien, madame, Votre Altesse n'est-elle pas bien persuadée encore que Lorenza Feliciani et la comtesse de Fœnix sont une seule et même personne ?

— Non, je l'avoue, dit la princesse, et vous avez deviné juste, monsieur ; ma conviction n'est point entière sur ce point.

— Votre Altesse veut-elle donner l'ordre que Lorenza Feliciani soit amenée devant elle, et alors elle ne conservera plus aucun doute. Je demande à Son Altesse pardon d'insister ainsi ; mais je suis tendrement attaché à cette jeune femme, et elle-même regrette, je crois, d'être séparée de moi.

— Le croyez-vous ?

— Oui, madame, je le crois, si pauvre que soit mon mérite.

— Oh ! pensa la princesse, Lorenza avait dit vrai, et cet homme est effectivement un homme dangereux.

Le comte gardait une contenance calme et se renfermait dans la plus stricte politesse de cour.

— Essayons de mentir, continua de penser Madame Louise.

— Monsieur, dit-elle, je n'ai point à vous remettre une femme qui n'est point ici. Je comprends que vous la cherchiez avec tant d'insistance, si vous l'aimez véritablement comme vous le dites ; mais si vous voulez avoir quelque chance de la trouver, cherchez-la ailleurs, croyez-moi.

Le comte, en entrant, avait jeté un regard rapide sur tous les objets que renfermait la chambre de Madame Louise, et ses yeux s'étaient arrêtés un instant, rien qu'un instant, c'est vrai, mais ce seul regard avait suffi, sur la table placée dans un angle obscur de l'appartement, et c'était sur cette table que Lorenza avait placé ses bijoux, qu'elle avait offerts pour entrer aux Carmélites. Aux étincelles qu'ils jetaient dans l'ombre, le comte de Fœnix les avait reconnus.

— Si Votre Altesse royale voulait bien rappeler ses souvenirs, insista le comte, et c'est une violence que je la prie de vouloir bien se faire, elle se rappellerait que Lorenza Feliciani était tout à l'heure dans cette chambre, et qu'elle a déposé sur cette table les bijoux qui y sont, et qu'après avoir eu l'honneur de conférer avec Votre Altesse, elle s'est retirée.

Le comte de Fœnix saisit au passage le regard que jetait la princesse du côté du cabinet.

— Elle s'est retirée dans ce cabinet, acheva-t-il.

La princesse rougit, le comte continua.

— De sorte que je n'attends que l'agrément de Son Altesse pour lui ordonner d'entrer, ce qu'elle fera à l'instant même, je n'en doute pas.

La princesse se rappela que Lorenza s'était enfermée en dedans et que par conséquent rien ne pouvait la forcer de sortir que l'impulsion de sa propre volonté.

— Mais, dit-elle, ne cherchant plus à dissimuler le dépit qu'elle éprouvait d'avoir menti inutilement devant cet homme à qui l'on ne pouvait rien cacher, si elle entre, que fera-t-elle?

— Rien, madame; elle dira seulement à Votre Altesse qu'elle désire me suivre, étant ma femme.

Ce dernier mot rassura la princesse, car elle se rappelait les protestations de Lorenza.

— Votre femme, dit-elle, en êtes-vous bien sûr ?

Et l'indignation perçait sous ces paroles.

— On croirait, en vérité, que Votre Altesse ne me croit pas, dit poliment le comte. Ce n'est pas cependant une chose bien incroyable que le comte de Fœnix ait épousé Lorenza Feliciani, et que l'ayant épousée, il redemande sa femme.

— Sa femme, encore, s'écria Madame Louise avec impatience, vous osez dire que Lorenza Feliciani est votre femme.

— Oui, madame, répondit le comte

avec un naturel parfait, j'ose le dire, car cela est.

— Marié, vous êtes marié?

— Je suis marié.

— Avec Lorenza?

— Avec Lorenza.

— Légitimement?

— Sans doute, et si vous insistez, madame, dans une dénégation qui me blesse...

— Eh bien! que ferez-vous?

— Je mettrai sous vos yeux mon acte

de mariage parfaitement en règle et signé du prêtre qui nous a unis.

La princesse tressaillit; tant de calme brisait ses convictions.

Le comte ouvrit un portefeuille, et développa un papier plié en quatre.

— Voilà la preuve de la vérité de ce que j'avance, madame, et du droit que j'ai de réclamer cette femme; la signature fait foi.... Votre Altesse veut-elle lire l'acte. et interroger la signature?

— Une signature, murmura la princesse avec un doute plus humiliant que ne l'avait été sa colère ; mais si cette signature...?

— Cette signature est celle du curé de Saint-Jean de Strasbourg, bien connu de M. le prince Louis, cardinal de Rohan, et si Son Eminence était ici...

— Justement M. le cardinal est ici, s'écria la princesse attachant sur le comte des regards enflammés. Son Éminence n'a pas quitté Saint-Denis, elle est dans ce moment-ci chez les chanoines de la cathédrale, ainsi rien n'est plus aisé que cette vérification que vous nous proposez.

— C'est un grand bonheur pour moi,

madame, répondit le comte, en remettant flegmatiquement son acte dans son portefeuille, car par cette vérification, je l'espère, je verrai se dissiper tous les soupçons injustes que Votre Altesse a conçus contre moi.

— Tant d'impudence me révolte en vérité, dit la princesse en agitant vivement sa sonnette. — Ma sœur, ma sœur !

La religieuse qui avait un instant auparavant introduit le comte de Fœnix accourut.

— Que l'on fasse monter à cheval mon piqueur, dit la princesse, et qu'on l'envoie porter ce billet à M. le cardinal de Rohan, on le trouvera au chapitre de la cathédrale, qu'il vienne ici sans retard, je l'attends.

Et tout en parlant, la princesse écrivit à la hâte deux mots qu'elle remit à la religieuse.

Puis elle ajouta tout bas :

— Que l'on place dans le corridor deux archers de la maréchaussée et que personne ne sorte sans mon congé, allez!

Le comte avait suivi les différentes phases de cette résolution, bien arrêtée maintenant chez Madame Louise, de lutter avec lui jusqu'au bout, et tandis que la princesse écrivait, décidé sans doute à lui disputer la victoire, il s'était approché du cabinet, et là, l'œil fixé sur la porte, les mains étendues et agitées d'un mouvement plus méthodique que nerveux, il avait prononcé quelques mots tout bas.

La princesse, en se retournant, le vit dans cette attitude.

— Que faites-vous là, monsieur? dit-elle.

— Madame, dit le comte, j'adjure Lorenza Feliciani de venir ici, en personne, vous confirmer, par ses paroles et de sa pleine volonté, que je ne suis ni un imposteur, ni un faussaire, et cela sans préjudice de toutes les autres preuves qu'exigera Votre Altesse.

— Monsieur !

— Lorenza Feliciani, cria le comte, dominant tout, même la volonté de la princesse; Lorenza Feliciani, sortez de ce cabinet, et venez ici, venez.

Mais la porte resta close.

— Venez, je le veux! répéta le comte.

Alors la clef grinça dans la serrure, et la princesse, avec un indicible effroi, vit entrer la jeune femme, dont les yeux étaient fixés sur le comte, sans aucune expression de colère ni de haine.

— Que faites-vous donc, mon enfant? que faites-vous? s'écria Madame Louise, et pourquoi revenir à cet homme que vous aviez fui; vous étiez en sûreté ici; je vous l'avais dit.

— Et elle est en sûreté aussi dans ma maison, madame, répondit le comte.

Puis se retournant vers la jeune femme :

— N'est-ce pas Lorenza, dit-il, que vous êtes en sûreté chez moi?

— Oui, répondit la jeune fille.

La princesse, au comble de l'étonnement, joignit les mains et se laissa retomber dans un fauteuil.

— Maintenant, Lorenza, dit le comte d'une voix douce, mais dans laquelle néanmoins l'accent du commandement se faisait sentir, maintenant, on m'accuse de vous avoir fait violence. Dites, vous ai-je violentée en quelque chose que ce soit?

— Jamais, répondit la jeune femme d'une voix claire et précise, mais sans accompagner cette dénégation d'aucun mouvement.

— Alors, s'écria la princesse, que signifie toute cette histoire d'enlèvement que vous m'avez faite?

Lorenza demeura muette; elle regardait le comte comme si la vie, et la parole qui en est l'expression, devaient lui venir de lui.

— Son Altesse désire sans doute savoir comment vous êtes sortie du couvent, Lorenza? Racontez tout ce qui s'est passé depuis le moment où vous vous êtes évanouie dans le chœur jusqu'à celui où vous vous êtes réveillée dans la chaise de poste.

Lorenza demeura silencieuse.

— Racontez la chose dans tous ses

détails, continua le comte, sans rien omettre. Je le veux.

Lorenza ne put comprimer un frémissement.

— Je ne me rappelle point, dit-elle.

— Cherchez dans vos souvenirs, et vous vous rappellerez.

— Ah! oui! oui, en effet, dit Lorenza avec le même accent monotone, je me souviens.

— Parlez!

— Lorsque je me fus évanouie, au moment même où les ciseaux touchaient mes cheveux, on m'emporta dans ma cellule et l'on me coucha sur mon lit. Jusqu'au soir, ma mère resta près de moi, et comme je demeurais toujours sans connaissance, on envoya chercher le chirurgien du village, lequel me tâta le pouls, passa un miroir devant mes lèvres, et, reconnaissant que mes artères étaient sans battements et ma bouche sans haleine, déclara que j'étais morte.

— Mais, comment savez-vous tout cela? demanda la princesse.

— Son Altesse désire connaître comment vous savez tout cela ? répéta le comte.

— Chose étrange ! dit Lorenza, je voyais

et j'entendais; seulement, je ne pouvais ouvrir les yeux, parler ni remuer; j'étais comme en léthargie.

— En effet, dit la princesse, Tronchin m'a parlé parfois de personnes tombées en léthargie et qui avaient été enterrées vivantes.

— Continuez, Lorenza.

—Ma mère se désespérait et ne voulait point croire à ma mort; elle déclara qu'elle passerait encore près de moi la nuit et la journée du lendemain.

Elle le fit ainsi qu'elle l'avait dit, mais les trente-six heures pendant lesquelles elle me veilla s'écoulèrent sans que je fisse un mouvement, sans que je poussasse un soupir.

Trois fois le prêtre était venu, et chaque fois il avait dit à ma mère que c'était se révolter contre Dieu que de vouloir retenir mon corps sur la terre, quand déjà il avait mon âme; car il ne doutait pas, étant morte dans toutes les conditions du salut et au moment où j'allais prononcer les paroles qui scellaient mon éternelle alliance avec le Seigneur, il ne doutait pas, disait-il, que mon âme ne fût montée droit au ciel.

Ma mère insista tant qu'elle obtint de

me veiller encore pendant toute la nuit du lundi au mardi.

Le mardi matin j'étais toujours dans le même état d'insensibilité.

Ma mère se retira vaincue. Les religieuses criaient au sacrilége. Les cierges étaient allumés dans la chapelle où je devais, selon l'habitude, être exposée un jour et une nuit.

Ma mère une fois sortie, les ensevelisseuses entrèrent dans ma chambre ; comme je n'avais pas prononcé mes vœux, on me mit une robe blanche, on ceignit mon front d'une couronne de roses blanches, on plaça mes bras en croix sur ma poitrine, puis on demanda :

— La bière :

La bière fut apportée dans ma chambre; un profond frissonnement courut par tout mon corps, car, je vous le répète, à travers mes paupières fermées, je voyais tout comme si mes yeux eussent été tout grands ouverts.

On me prit et l'on me déposa dans le cercueil.

Puis, le visage découvert, comme c'est l'habitude chez nous autres Italiennes, on me descendit dans la chapelle et l'on me plaça au milieu du chœur, avec des cierges allumés tout autour de moi et un bénitier à mes pieds.

Toute la journée les paysans de Subiaco entrèrent dans la chapelle, prièrent pour moi et jetèrent de l'eau bénite sur mon corps.

Le soir vint. Les visites cessèrent ; on ferma en dedans les portes de la chapelle, moins la petite porte, et la sœur infirmière resta seule près de moi.

Cependant une pensée terrible m'agitait pendant mon sommeil ; c'était le lendemain que devait avoir lieu l'enterrement.

et je sentais que j'allais être enterrée toute vive, si quelque puissance inconnue ne venait à mon secours.

J'entendais les unes après les autres sonner les heures : neuf heures sonnèrent, puis dix heures, puis onze heures.

Chaque coup retentissait dans mon cœur ; car j'entendais, chose effrayante ! le glas de ma propre mort.

Ce que je fis d'efforts pour vaincre ce sommeil glacé, pour rompre ces liens de fer qui m'attachaient au fond de mon cercueil, Dieu seul le sait ; mais il le vit, puisqu'il eut pitié de moi.

Minuit sonna.

Au premier coup, il me sembla que tout mon corps était secoué par un mouvement convulsif pareil à celui que j'avais l'habitude d'éprouver quand Acharat s'approchait de moi ; puis j'éprouvai une commotion au cœur ; puis je le vis apparaître à la porte de la chapelle.

— Est-ce de l'effroi que vous éprouvâtes alors ? demanda le comte de Fœnix.

— Non, non, ce fut du bonheur, ce fut de la joie, ce fut de l'extase, car je comprenais qu'il venait m'arracher à cette mort désespérée que je redoutais tant. Il marcha lentement vers mon cercueil, me regarda un instant avec un sourire plein de tristesse, puis il me dit :

— Lève-toi et marche.

Les liens qui retenaient mon corps étendu se rompirent aussitôt; à cette voix puissante, je me levai, et je mis un pied hors de mon cercueil.

— Es-tu heureuse de vivre? me demanda-t-il.

— Ah! oui, répondis-je.

— Eh bien! alors, suis-moi.

L'infirmière, habituée au funèbre office

qu'elle remplissait près de moi, après l'avoir rempli près de tant d'autres sœurs, dormait sur sa chaise. Je passai près d'elle sans l'éveiller, et je suivis celui qui, pour la seconde fois, m'arrachait à la mort.

Nous arrivâmes dans la cour. Je revis ce ciel tout parsemé d'étoiles brillantes que je n'espérais plus revoir. Je sentis cet air frais de la nuit que les morts ne sentent plus, mais qui est si doux aux vivants.

— Maintenant, me demanda-t-il, avant de quitter ce couvent, choisissez entre Dieu et moi. Voulez-vous être religieuse? voulez-vous me suivre?

— Je veux vous suivre, répondis-je.

— Alors, venez, dit-il une seconde fois.

Nous arrivâmes à la porte du tour; elle était fermée.

— Où sont les clefs? me demanda-t-il.

— Dans les poches de la sœur tourière.

— Et où sont ces poches?

— Sur une chaise, près de son lit.

— Entrez chez elle sans bruit, prenez

les clefs, choisissez celle de la porte, et apportez-la moi.

J'obéis. La porte de la loge n'était point fermée en dedans. J'entrai. J'allai droit à la chaise. Je fouillai dans les poches ; je trouvai les clefs ; parmi le trousseau, je trouvai celle du tour, et je l'apportai.

Cinq minutes après, le tour s'ouvrait et nous étions dans la rue.

Alors je pris son bras et nous courûmes vers l'extrémité du village de Subiaco. A cent pas de la dernière maison, une chaise de poste attendait tout attelée.

Nous montâmes dedans, et elle partit au galop.

— Et aucune violence ne vous fut faite, aucune menace ne fut proférée; vous suivites cet homme volontairement?

Lorenza resta muette.

— Son Altesse royale vous demande, Lorenza, si, par quelque menace, ou quelque violence, je vous forçai de me suivre?

— Non.

— Et pourquoi le suivîtes-vous?

— Dites, pourquoi m'avez-vous suivi?

— Parce que je vous aimais, dit Lorenza.

Le comte de Fœnix se retourna vers la princesse avec un sourire triomphant.

IV

Son éminence le cardinal de Rohan.

Ce qui se passait sous les yeux de la princesse était tellement extraordinaire, qu'elle se demandait, elle, l'esprit fort et tendre à la fois, si l'homme qu'elle avait devant les yeux n'était pas véritablement un magicien disposant des cœurs et des esprits à sa volonté.

Mais le comte de Fœnix ne voulut point s'en tenir là.

— Ce n'est pas tout, madame, dit-il, et Votre Altesse n'a entendu de la bouche même de Lorenza qu'une partie de notre histoire ; elle pourrait donc conserver des doutes si, de sa bouche encore, elle n'entendait le reste.

Alors, se retournant vers la jeune femme :

— Vous souvient-il, chère Lorenza, dit-il, de la suite de notre voyage, et que nous avons visité ensemble Milan, le lac Majeur, l'Oberland, le Righi et le Rhin magnifique qui est le Tibre du nord ?

— Oui, dit la jeune femme, avec son même accent monotone, oui, Lorenza a vu tout cela.

— Entraînée par cet homme, n'est-ce pas, mon enfant? Cédant à une force irrésistible dont vous ne vous rendiez pas compte vous-même? demanda la princesse.

—Pourquoi croire cela, madame, quand loin de là, tout ce que Votre Altesse vient d'entendre lui prouve le contraire. Eh !

d'ailleurs, tenez, s'il vous faut une preuve plus palpable encore, un témoin matériel, voici une lettre de Lorenza elle-même. J'avais été obligé de la laisser, malgré moi, seule à Mayence; eh bien! elle me regrettait, elle me désirait, car, en mon absence, elle m'écrivait ce billet que Votre Altesse peut lire.

Le comte tira une lettre de son portefeuille et la remit à la princesse.

La princesse lut :

« Reviens Acharat ; tout me manque
« quand tu me quittes. Mon Dieu! quand
« donc serai-je à toi pour l'éternité!

« LORENZA. »

La princesse se leva, la flamme de la colère au front, et s'approcha de Lorenza le billet à la main.

Celle-ci la laissa s'approcher sans la voir, sans l'entendre : elle semblait ne voir et n'entendre que le comte.

— Je comprends, dit vivement celui-ci qui paraissait décidé à se faire jusqu'au bout l'interprète de la jeune femme ; Votre Altesse doute et veut savoir si le billet est bien d'elle, soit ; Votre Altesse sera éclaircie par elle-même. Lorenza, répondez : qui a écrit ce billet ?

Il prit le billet, le mit dans la main de

sa femme, qui appliqua aussitôt cette main sur son cœur.

— C'est Lorenza, dit-elle.

— Et Lorenza sait-elle ce qu'il y a dans cette lettre ?

— Sans doute.

— Eh bien! dites à la princesse ce qu'il y a dans cette lettre, afin qu'elle ne croie pas que je la trompe quand je lui dis que vous m'aimez. Dites-le-lui ; je le veux.

Lorenza parut faire un effort ; mais, sans déplier le billet, sans le porter à ses yeux, elle lut :

« Reviens Acharat; tout me manque quand tu me quittes. Mon Dieu! quand donc serai-je à toi pour l'éternité !

« LORENZA. »

— C'est à ne pas croire, dit la princesse, et je ne vous crois pas, car il y a dans tout ceci quelque chose d'inexplicable, de surnaturel.

— Ce fut cette lettre, continua le comte de Fœnix, comme s'il n'eût point entendu Madame Louise, ce fut cette lettre qui me détermina à presser notre union. J'aimais Lorenza autant qu'elle m'aimait. Notre position était fausse. D'ailleurs, dans cette vie aventureuse que je mène, un malheur pouvait arriver : je pouvais mourir, et si je mourais, je voulais que tous mes biens appartinssent à Lorenza : aussi en arrivant à Strasbourg nous nous mariâmes.

— Vous vous mariâtes?

— Oui.

— Impossible.

— Pourquoi cela, madame, dit en souriant le comte, et qu'y avait-il d'impossible, je vous le demande, à ce que le comte de Fœnix épousât Lorenza Feliciani?

— Mais elle m'a dit elle-même qu'elle n'était point votre femme.

Le comte sans répondre à la princesse, se retourna vers Lorenza :

— Vous rappelez-vous quel jour nous nous mariâmes ! lui demanda-t-il.

— Oui, répondit-elle, ce fut le trois de mai.

— Où cela ?

— A Strasbourg.

— Dans quelle église ?

— Dans la cathédrale même, à la chapelle Saint-Jean.

— Opposâtes-vous quelque résistance à cette union ?

— Non ; j'étais trop heureuse.

— C'est que vois-tu, Lorenza, continua le comte, la princesse croit qu'on t'a fait violence. On lui a dit que tu me haïssais.

Et en disant ces paroles le comte prit la main de Lorenza.

Le corps de la jeune femme frissonna tout entier de bonheur.

— Moi, dit-elle, te haïr ! Oh ! non ; je t'aime. Tu es bon, tu es généreux, tu es puissant !

— Et depuis que tu es ma femme, dis Lorenza, ai-je jamais abusé de mes droits d'époux ?

— Non, tu m'as respectée comme ta fille et je suis ton amie pure et sans tache.

Le comte se retourna vers la princesse, comme pour lui dire : vous entendez.

Saisie d'épouvante, elle avait reculé jusqu'aux pieds du Christ d'ivoire appliqué sur un fond de velours noir au mur du cabinet.

— Est-ce là tout ce que Votre Altesse désire savoir? dit le comte en laissant retomber la main de Lorenza.

— Monsieur, monsieur, s'écria la princesse, ne m'approchez pas, ni elle non plus.

— En ce moment, on entendit le bruit d'un carrosse qui s'arrêtait à la porte de l'abbaye.

— Ah ! s'écria la princesse, voilà le cardinal, nous allons savoir enfin à quoi nous en tenir.

Le comte de Fœnix s'inclina, dit quelques mots à Lorenza et attendit avec le calme d'un homme qui aurait le don de diriger les événements.

Un instant après la porte s'ouvrit et l'on annonça Son Éminence M. le cardinal de Rohan.

La princesse, rassurée par la présence

d'un tiers, vint reprendre sa place sur son fauteuil en disant :

— Faites entrer.

Le cardinal entra. Mais il n'eut pas plutôt salué la princesse qu'apercevant Balsamo :

— Ah! c'est vous, monsieur, dit-il avec surprise.

— Vous connaissez monsieur? demanda la princesse de plus en plus étonnée.

— Oui, dit le cardinal.

— Alors, s'écria Madame Louise, vous allez nous dire qui il est ?

— Rien de plus facile, dit le cardinal, monsieur est sorcier.

— Sorcier! murmura la princesse.

— Pardon, madame, dit le comte, Son Eminence s'expliquera tout à l'heure, et à la satisfaction de tout le monde, je l'espère.

— Est-ce que monsieur aurait fait aussi quelque prédiction à Son Altesse royale, que je la vois bouleversée à ce point? demanda M. de Rohan.

— L'acte de mariage! l'acte, sur-le-champ, s'écria la princesse.

Le cardinal regardait étonné, car il

ignorait ce que pouvait signifier cette exclamation.

— Le voici, dit le comte en le présentant au cardinal.

— Qu'est-ce là? demanda celui-ci.

— Monsieur, dit la princesse, il s'agit de savoir si cette signature est bonne et si cet acte est valide.

Le cardinal lut le papier que lui présentait la princesse.

— Cet acte est un acte de mariage parfaitement en forme, et cette signature est celle de M. Remy, curé de la chapelle

Saint-Jean ; mais qu'importe à Votre Altesse ?

— Oh! il m'importe beaucoup, monsieur ; ainsi la signature...

— Est bonne, mais rien ne me dit qu'elle n'ait pas été exorquée.

— Extorquée, n'est-ce pas? c'est possible, s'écria la princesse.

— Et le consentement de Lorenza aussi, n'est-ce pas? dit le comte avec une ironie qui s'adressai directement à la princesse.

— Mais par quels moyens, voyons,

monsieur le cardinal, par quels moyens aurait-on pu extorquer cette signature ? Dites, le savez-vous ?

— Par ceux qui sont au pouvoir de monsieur, par des moyens magiques.

— Magiques ! Cardinal, est-ce bien vous ?

— Monsieur est sorcier ; je l'ai dit et je ne m'en dédis pas.

— Votre Eminence veut plaisanter.

— Non pas, et la preuve, c'est que devant vous, je veux avoir avec monsieur une sérieuse explication.

— J'allais la demander à Votre Eminence, dit le comte.

— A merveille; mais n'oubliez pas que c'est moi qui interroge, dit le cardinal avec hauteur.

— Et moi, dit le comte, n'oubliez pas qu'à toutes vos interrogations, je répondrai même devant Son Altesse, si vous y tenez. Mais vous n'y tiendrez pas, j'en suis certain.

Le cardinal sourit.

— Monsieur, dit-il, c'est un rôle difficile à jouer de notre temps que celui de sorcier. Je vous ai vu à l'œuvre; vous y avez eu un grand succès; mais tout le monde, je vous en préviens, n'aura pas la patience et surtout la générosité de Madame la Dauphine.

— De Madame la Dauphine! s'écria la princesse.

— Oui, madame, dit le comte, j'ai eu l'honneur d'être présenté à Son Altesse Royale.

— Et comment avez-vous reconnu cet honneur, monsieur? dites, dites.

— Hélas! reprit le comte, plus mal que je n'eusse voulu; car je n'ai point de haine personnelle contre les hommes, et surtout contre les femmes.

— Mais qu'a donc fait monsieur à mon auguste nièce? dit Madame Louise.

— Madame, dit le comte, j'ai eu le malheur de lui dire la vérité qu'elle me demandait.

— Oui, la vérité, une vérité qui l'a fait évanouir.

— Est-ce ma faute, reprit le comte de cette voix puissante qui devait si bien tonner en certains moments, est-ce ma faute si cette vérité était si terrible qu'elle devait produire de semblables effets? Est-ce moi qui ai cherché la princesse? est-ce moi qui ai demandé à lui être présenté? Non, je l'évitais, au contraire ; on m'a amené près d'elle presque de force; elle m'a interrogé en ordonnant.

— Mais qu'était-ce donc que cette vérité si terrible que vous lui avez dite, monsieur? demanda la princesse.

— Cette vérité, Madame, répondit le comte, c'est le voile de l'avenir que j'ai déchiré.

— De l'avenir?

— Oui, madame, de cet avenir qui a paru si menaçant à Votre Altesse Royale, qu'elle a essayé de le fuir dans un cloître, de le combattre au pied des autels par ses prières et par ses larmes.

— Monsieur !

— Est-ce ma faute, madame, si cet avenir, que vous avez pressenti comme sainte, m'a été révélé à moi comme prophète ; et si Madame la Dauphine, épouvantée de cet avenir qui la menace personnellement, s'est évanouie lorsqu'il lui a été révélé !

— Vous l'entendez, dit le cardinal.

— Hélas ! dit la princesse.

— Car son règne est condamné, s'écria

le comte, comme le règne le plus fatal et le plus malheureux de toute la monarchie.

— Monsieur ! s'écria la princesse.

— Quant à vous, madame, continua le comte, peut-être vos prières ont-elles obtenu grâce, mais vous ne verrez rien de tout cela, car vous serez dans les bras du Seigneur quand ces choses arriveront.

Priez! Madame, priez!

La princesse, dominée par cette voix prophétique qui répondait si bien aux terreurs de son âme, tomba à genoux aux pieds du crucifix et se mit effectivement à prier avec ferveur.

Alors le comte se tournant vers le cardinal, et le précédant dans l'embrasure d'une fenêtre :

— A nous deux, monsieur le cardinal, que me vouliez-vous ?

Le cardinal alla rejoindre le comte.

Les personnages étaient disposés ainsi :

La princesse, au pied du crucifix, priait avec ferveur; Lorenza, immobile, muette, les yeux ouverts et fixes comme s'ils ne voyaient pas, était debout au milieu de l'appartement. Les deux hommes se tenaient dans l'embrasure de la fenêtre, le comte appuyé sur l'espagnolette, le cardinal à moitié caché par le rideau.

— Que me voulez-vous? répéta le comte; parlez.

— Je veux savoir qui vous êtes.

— Vous le savez.

— Moi?

— Sans doute. N'avez-vous pas dit que j'étais sorcier?

— Très-bien. Mais là-bas on vous nommait Joseph Balsamo ; ici l'on vous nomme le comte de Fœnix.

— Eh bien! que prouve cela? Que j'ai changé de nom, voilà tout.

— Oui; mais savez-vous que de pareils changements, de la part d'un homme comme vous, donneraient fort à penser à M. de Sartines?

Le comte sourit.

— Oh! monsieur, que voilà une petite guerre pour un Rohan! Comment, Votre Eminence argumente sur des mots! *Verba et voces,* dit le latin. N'a-t-on rien de pis à me reprocher?

— Vous devenez railleur, je crois, dit le cardinal.

— Je ne le deviens pas, c'est mon caractère.

— Alors, je vais me donner une satisfaction.

— Laquelle?

— Celle de vous faire baisser le ton.

— Faites, monsieur.

— Ce sera, j'en suis certain, faire ma cour à Madame la Dauphine.

— Ce qui ne sera pas du tout inutile dans les termes où vous êtes avec elle, dit flegmatiquement Balsamo.

— Et si je vous faisais arrêter, monsieur de l'horoscope, que diriez-vous?

— Je dirais que vous avez grand tort, monsieur le cardinal.

— En vérité! dit l'Eminence avec un mépris écrasant; et qui donc trouverait cela?

— Vous-même, monsieur le cardinal.

— Je vais donc en donner l'ordre de ce pas; alors on saura quel est au juste ce baron Joseph Balsamo, comte de Fœnix, rejeton illustre d'un arbre généalogique, dont je n'ai vu la graine en aucun champ héraldique de l'Europe.

— Monsieur, dit Balsamo, que ne vous êtes-vous informé de moi à votre ami M. de Breteuil ?

— M. de Breteuil n'est pas mon ami.

— C'est-à-dire qu'il ne l'est plus, mais il l'a été et de vos meilleurs même ; car vous lui avez écrit certaine lettre...

— Quelle lettre ? demanda le cardinal en se rapprochant.

— Plus près, monsieur le cardinal, plus près ; je ne voudrais point parler haut de peur de vous compromettre.

Le cardinal se rapprocha encore.

— De quelle lettre voulez-vous parler? dit-il.

— Oh! vous le savez bien.

— Dites toujours.

— Eh bien! d'une lettre que vous écrivîtes de Vienne à Paris à l'effet de faire manquer le mariage du Dauphin.

Le prélat laissa échapper un mouvement d'effroi.

— Cette lettre?... balbutia-t-il.

— Je la sais par cœur.

— C'est une trahison de M. de Breteuil, alors.

— Pourquoi cela ?

— Parce que lorsque le mariage fut décidé, je la lui redemandai.

— Et il vous dit ?

— Qu'elle était brûlée.

— C'est qu'il n'osa vous dire qu'elle était perdue.

— Perdue ?

— Oui... or une lettre perdue, vous comprenez, il se peut qu'on la retrouve.

— Si bien que cette lettre que j'ai écrite à M. de Breteuil ?...

— Oui.

— Qu'il m'a dit avoir brûlée?...

— Oui.

— Et qu'il avait perdue?...

— Je l'ai retrouvée. — Oh! mon Dieu! par hasard, en passant par la cour de marbre à Versailles.

— Et vous ne l'avez pas fait remettre à M. de Breteuil?

— Je m'en serais bien gardé.

— Pourquoi cela?

— Parce que, en ma qualité de sorcier,

je savais que Votre Éminence, à qui je veux tant de bien moi, me voulait mal de mort, alors vous comprenez. Un homme désarmé qui sait qu'en traversant un bois il va être attaqué, et qui trouve un pistolet tout chargé sur la lisière de ce bois...

— Eh bien ?

— Eh bien ! cet homme est un sot s'il se dessaisit de ce pistolet.

Le cardinal eut un éblouissement et s'appuya sur le rebord de la fenêtre.

Mais après un instant d'hésitation, dont le comte dévorait les variations sur son visage :

— Soit, dit-il. Mais il ne sera pas dit qu'un prince de ma maison aura plié devant la menace d'un charlatan. Cette lettre eût-elle été perdue, l'eussiez-vous trouvée, dût-elle être montrée à Madame la Dauphine elle-même; cette lettre dût-elle me perdre comme homme politique, je soutiendrai mon rôle de sujet loyal, de fidèle ambassadeur. Je dirai ce qui est vrai, c'est-à-dire que je trouvais cette alliance nuisible aux intérêts de mon pays, et mon pays me défendra ou me plaindra.

— Et si quelqu'un, dit le comte, se trouve là, qui dise que l'ambassadeur, jeune, beau, galant, ne doutant de rien, vu

son nom de Rohan et son titre de prince,
ne disait point cela parce qu'il croyait l'alliance autrichienne nuisible aux intérêts
de la France, mais parce que, gracieusement reçu d'abord par l'archiduchesse
Marie-Antoinette, cet orgueilleux ambassadeur avait eu la vanité de voir dans cette
affabilité quelque chose de plus que... de
l'affabilité, que répondra le fidèle sujet, le
loyal ambassadeur?

— Il niera, monsieur; car de ce sentiment que vous prétendez avoir existé il
ne reste aucune preuve.

—Ah! si fait, monsieur, vous vous trompez ; il reste la froideur de Madame la Dauphine pour vous.

Le cardinal hésita.

— Tenez, mon prince, dit le comte, croyez-moi ; au lieu de nous brouiller, comme ce serait déjà fait si je n'avais plus de prudence que vous, restons bons amis.

— Bons amis?

— Pourquoi pas? Les bons amis sont ceux qui nous rendent des services.

— En ai-je jamais réclamé de vous?

— C'est le tort que vous avez eu; car depuis deux jours que vous êtes à Paris....

— Moi ?

— Oui, vous. Eh ! mon Dieu, pourquoi vouloir me cacher cela, à moi qui suis sorcier ? Vous avez quitté la princesse à Soissons, vous êtes venu en poste à Paris par Villers-Cotterets et Dammartin, c'est-à-dire par la route la plus courte, et vous êtes venu demander à vos bons amis de Paris des services qu'ils vous ont refusés. Après lesquels refus vous êtes reparti en poste pour Compiègne, et cela désespéré.

Le cardinal semblait anéanti.

— Et quel genre de services pouvais-je donc attendre de vous, demanda-t-il, si je m'étais adressé à vous ?

— Les services qu'on demande à un homme qui fait de l'or.

— Et que m'importe que vous fassiez de l'or ?

— Peste ! quand on a cinq cent mille francs à payer dans les quarante-huit heures, est-ce bien cinq cent mille francs, dites ?

— Oui, c'est bien cela.

— Vous demandez à quoi importe d'avoir un ami qui fait de l'or ! Cela importe que les cinq cent mille francs qu'on n'a pu trouver chez personne, on les trouvera chez lui.

— Et où cela? demanda le cardinal.

— Rue Saint-Claude, au Marais.

— A quoi reconnaîtrai-je la maison?

— A une tête de griffon en bronze qui sert de marteau à la porte.

— Quand pourrai-je m'y présenter?

—Après-demain, monseigneur, vers six heures du soir, s'il vous plaît, et ensuite...

— Ensuite?

— Toutes et quantes fois il vous fera plaisir d'y venir. Mais, tenez, notre conversation finit à temps, voici la princesse qui a terminé sa prière.

Le cardinal était vaincu ; il n'essaya point de résister plus longtemps, et s'approchant de la princesse :

— Madame, dit-il, je suis forcé d'avouer que M. le comte de Fœnix a parfaitement raison, que l'acte dont il est porteur est on ne peut plus valable et qu'enfin les explications qu'il m'a données m'ont complétement satisfait.

Le comte s'inclina.

— Qu'ordonne Votre Altesse Royale? demanda-t-il.

— Un dernier mot à cette jeune femme.

Le comte s'inclina une seconde fois en signe d'assentiment.

— C'est de votre propre et entière volonté que vous voulez quitter le couvent de Saint-Denis où vous étiez venue me demander un refuge?

— Son Altesse, reprit vivement Balsamo, demande si c'est de votre propre et entière volonté que vous voulez quitter le couvent de Saint-Denis où vous étiez venue demander un asile? Répondez, Lorenza.

— Oui, dit la jeune femme, c'est de ma propre et entière volonté.

— Et cela pour suivre votre mari, le comte de Fœnix?

— Et cela, pour me suivre? répéta le comte.

— Oh! oui, dit la jeune femme.

— En ce cas, dit la princesse, je ne vous retiens ni l'un ni l'autre, car ce serait faire violence aux sentiments. Mais s'il y a quelque chose dans tout ceci qui sorte de l'ordre naturel des choses, que la punition du Seigneur retombe sur celui qui à son profit ou dans ses intérêts aura troublé l'harmonie de la nature.

Allez, monsieur le comte de Fœnix, allez, Lorenza Feliciani, je ne vous retiens plus... Seulement, reprenez vos bijoux.

— Ils sont aux pauvres, Madame, dit le comte de Fœnix; et distribuée par vos mains, l'aumône sera deux fois agréable à Dieu. Je ne redemande que mon cheval Djerid.

— Vous pouvez le réclamer en passant, monsieur. Allez!

Le comte s'inclina devant la princesse et présenta son bras à Lorenza, qui vint s'y appuyer et qui sortit avec lui sans prononcer une parole.

— Ah! monsieur le cardinal! dit la princesse en secouant tristement la tête, il y a des choses incompréhensibles et fatales dans l'air que nous respirons.

V

Le retour de Saint-Denis.

En s'éloignant de Philippe, Gilbert, comme nous l'avons dit, était rentré dans la foule.

Mais cette fois ce n'était plus le cœur bondissant d'attente et de joie qu'il se jetait dans le flot bruissant, c'était l'âme ulcérée par une douleur que le bon accueil de Philippe et ses offres obligeantes de service n'avaient pu adoucir.

Andrée ne se doutait pas qu'elle eût été cruelle pour Gilbert. La belle et sereine jeune fille ignorait complétement qu'il pût y avoir entre elle et le fils de sa nourrice aucun point de contact, ni pour la douleur ni pour la joie. Elle passait au-dessus des sphères inférieures, jetant sur elles son ombre ou sa lumière, selon qu'elle était elle-même souriante ou sombre. Cette fois, l'ombre de son dédain avait glacé Gilbert; et comme elle n'avait fait que suivre l'impulsion de sa propre nature, elle ignorait elle-même qu'elle avait été dédaigneuse.

Mais Gilbert, comme un athlète désarmé, avait tout reçu en plein cœur, regards de mépris et paroles superbes ; et Gilbert n'avait pas encore assez de philosophie pour ne pas se donner, tout saignant comme il l'était, la consolation du désespoir.

Aussi, à partir du moment où il fut rentré dans la foule, ne s'inquiéta-t-il plus ni des chevaux, ni des hommes. Rassemblant ses forces, au risque de s'égarer ou de se faire broyer, il s'élança comme un sanglier blessé à travers la multitude, et se fit ouvrir un passage.

Lorsque les couches les plus épaisses du peuple eurent été franchies, le jeune homme commença de respirer plus librement, et jetant les yeux autour de lui, il vit la verdure, la solitude et l'eau.

Sans savoir où il allait, il avait couru jusqu'à la Seine, et se trouvait à peu près en face de l'île Saint-Denis. Alors épuisé, non de la fatigue du corps, mais des angoisses de l'esprit, il se laissa rouler sur le gazon, et enfermant sa tête dans ses deux mains, il se mit à rugir frénétiquement comme si cette langue du lion rendait mieux ses douleurs que les cris et la parole de l'homme.

En effet, tout cet esprit vague et indécis, qui jusque-là avait laissé tomber quelques lueurs furtives sur ces désirs insensés dont il n'osait pas même se rendre compte, tout cet espoir n'était-il pas éteint d'un coup? A quelque degré de l'échelle sociale qu'à force de génie, de science ou d'étude, montât Gilbert, il restait toujours Gilbert pour Andrée, c'est-à-dire, une chose ou un homme, (c'étaient ses propres expressions) dont son père avait eu tort de prendre le moindre souci, et qui ne valait pas la peine qu'on abaissât les yeux jusqu'à lui.

Un instant il avait cru, qu'en le voyant

à Paris, qu'en apprenant qu'il y était venu à pied, qu'en connaissant cette résolution où il était de lutter avec son obscurité, jusqu'à ce qu'il l'eût terrassée, Andrée applaudirait à cet effort. Et voilà que non-seulement le *macte animo* avait manqué au généreux enfant, mais encore il n'avait recueilli de tant de fatigue et d'une si haute résolution, que la dédaigneuse indifférence qu'Andrée avait toujours eue pour le Gilbert de Taverney.

Bien plus, n'avait-elle pas failli se fâcher quand elle avait su que ses yeux avaient eu l'audace de plonger dans son solfége. Si Gilbert eût touché seulement le solfége du bout du doigt, sans doute il n'eût plus été bon qu'à être brûlé.

Dans les cœurs faibles, une déception, un mécompte, ne sont rien autre chose qu'un coup sous lequel l'amour ploie pour se relever plus fort et plus persévérant. Ils témoignent leurs souffrances par des plaintes, par des larmes: ils ont la passivité du mouton sous le couteau. Il y a plus, l'amour de ces martyrs s'accroît souvent des douleurs qui le devraient tuer; ils se disent que leur douceur aura sa récompense; cette récompense, c'est le but vers lequel ils marchent, que le chemin soit bon ou mauvais; seulement, si le chemin est mauvais; ils arriveront plus tard, voilà tout, mais ils arriveront.

Il n'en est point ainsi des cœurs forts, des tempéraments volontaires, des organisations puissantes. Ces cœurs-là s'irritent à la vue de leur sang qui coule, et leur énergie s'en accroît si sauvagement qu'on les croirait dès lors plus haineux qu'aimants. Il ne faut pas les accuser; chez eux, l'amour et la haine se touchent de si près qu'ils ne sentent point le passage de l'un à l'autre.

Aussi, quand Gilbert se roulait ainsi, terrassé par sa douleur, savait-il s'il aimait ou s'il haïssait, Andrée? Non, il souffrait, voilà tout. Seulement, comme il n'était pas capable d'une longue patience, il se jeta hors de son abattement, décidé à se mettre à la poursuite de quelque énergique résolution.

— Elle ne m'aime pas, pensa-t-il, c'est vrai; mais aussi je ne pouvais point, je ne devais point espérer qu'elle m'aimât. Ce que j'avais le droit d'exiger d'elle, c'était ce doux intérêt qui s'attache aux malheureux qui ont l'énergie de lutter contre leur malheur. Ce qu'a compris son frère, elle ne l'a pas compris, elle. Il m'a dit: Qui sait? peut-être deviendras-tu un Colbert, un Vauban! Si je devenais l'un ou l'autre, lui me rendrait justice et me donnerait sa sœur en récompense de ma gloire acquise, comme il me l'eût donnée en échange de mon aristocratie native, si j'étais venu au monde son égal. Mais pour elle! oh! oui, je le sens bien... oh! Colbert, oh! Vauban seraient toujours Gilbert, car ce qu'elle méprise en moi, c'est ce que rien ne peut effacer, ce que rien ne peut dorer, ce que rien ne peut couvrir... c'est l'infimité de ma naissance. Comme si, en supposant que j'arrivasse à mon but, je n'avais pas eu plus à grandir pour arriver jusqu'à elle que si j'étais né à côté d'elle. Oh! créature folle! être insensé! Oh! femme, femme! c'est-à-dire imperfection.

Fiez-vous à ce beau regard, à ce front développé, à ce sourire intelligent, à ce port de reine, voilà mademoiselle de Taverney; c'est-à-dire une femme que sa beauté fait digne de gouverner le monde.... Vous vous trompez : c'est une provinciale guindée, gourmée, emmaillottée dans les préjugés aristocratiques. Tous ces beaux jeunes gens au cerveau vide, à l'esprit éventé, qui ont eu toutes les ressources pour tout apprendre et qui ne savent rien, sont pour elle des égaux ; ceux-là ce sont des choses et des hommes auxquels elle doit faire attention... Gilbert est un chien, moins qu'un chien : elle a demandé, je crois, des nouvelles de Mahon, elle n'eût point demandé des nouvelles de Gilbert.

Oh! elle ignore donc que je suis aussi fort qu'eux; que lorsque je porterai des habits pareils aux leurs, je serai aussi beau qu'eux; que j'ai de plus qu'eux, une volonté inflexible, et que si je veux...

Un sourire terrible se dessina sur les lèvres de Gilbert, qui laissa mourir la phrase inachevée.

Puis lentement, et en fronçant le sourcil, il abaissa sa tête sur sa poitrine.

Que se passa-t-il en ce moment dans cette âme obscure? sous quelle terrible

idée s'inclina ce front pâle, déjà jauni par
les veilles, déjà creusé par la pensée ? qui
le dira ?

Est-ce le marinier qui descendait le
fleuve sur sa toue, en fredonnant la chanson
de Henri IV ? est-ce la joyeuse lavandière
qui revenait de Saint-Denis après avoir
vu le cortége, et qui, se détournant de son
chemin pour passer à distance de lui, prit
peut-être pour un voleur ce jeune oisif
étendu sur le gazon au milieu des per-
ches chargées de linges ?

Au bout d'une demi-heure de médita-
tion profonde, Gilbert se releva froid et
résolu ; il descendit à la Seine, but un

large coup d'eau, regarda autour de lui et vit à sa gauche les flots lointains du peuple au sortir de Saint-Denis.

Au milieu de cette foule, on distinguait les premiers carrosses, marchant au pas, pressés qu'ils étaient par la cohue; ils suivaient la route de Saint-Ouen.

La Dauphine avait voulu que son entrée fût une fête de famille. Aussi, la famille usa-t-elle du privilége; on la vit se placer tellement près du spectacle royal, que bon nombre de Parisiens montèrent sur les siéges de la livrée, et se pendirent, sans être inquiétés, aux lourdes soupentes des voitures.

Gilbert eut bien vite reconnu le carrosse d'Andrée, Philippe galopait ou plutôt piaffait à la portière de la voiture.

—C'est bien, dit-il. Il faut que je sache où elle va; et pour que je sache où elle va, il faut que je la suive.

Gilbert suivit.

La Dauphine devait aller souper à la Muette, en petit comité, avec le Roi, le Dauphin, M. le comte de Provence, M. le comte d'Artois, et, il faut le dire, Louis XV avait poussé l'oubli des convenances jusque-là : à Saint-Denis, le roi avait invité madame la Dauphine, et lui avait donné la liste des convives en lui présentant un crayon et en l'invitant à rayer ceux de ces convives qui ne lui conviendraient pas.

Arrivée au nom de madame Dubarry, placé le dernier, la Dauphine avait senti ses lèvres blémir et trembler ; mais, soutenue par les instructions de l'impératrice sa mère, elle avait appelé toutes ses forces à son secours, et avec un charmant sourire, elle avait rendu la liste et le crayon au roi, en lui disant qu'elle était bien heureuse d'être admise du premier coup dans l'intimité de sa famille.

Gilbert ignorait cela, et ce ne fut qu'à la Muette qu'il reconnut les équipages de madame Dubarry et Zamore, hissé sur son grand cheval blanc.

Heureusement, il faisait déjà sombre ; Gilbert se jeta dans un massif, se coucha ventre à terre, et attendit.

Le roi fit souper sa bru avec sa maîtresse, et se montra d'une gaieté charmante. surtout lorsqu'il eut vu madame la Dauphine accueillir madame Dubarry mieux encore qu'elle ne l'avait fait à Compiègne.

Mais monsieur le Dauphin, sombre et soucieux, prétexta un grand mal de tête et se retira avant qu'on ne se mît à table.

Le souper se prolongea jusqu'à 11 heures.

Cependant, les gens de la suite, et force était à la fière Andrée d'avouer qu'elle était de ces gens-là, cependant les gens de la suite soupèrent aux pavillons, au son de sa musique, que leur envoya le roi. En outre, comme les pavillons étaient trop petits, cinquante maîtres soupèrent à des tables dressées sur le gazon, servis par cinquante valets à la livrée royale.

Gilbert, toujours dans un taillis, ne perdit rien de ce coup d'œil. Il tira de sa poche un morceau de pain qu'il avait acheté à Clichy-la-Garenne, et soupa comme les

autres, tout en surveillant ceux qui par-
taient.

Madame la Dauphine, après le souper, parut sur le balcon : elle venait prendre congé de ses hôtes. Le roi se tenait près d'elle ; madame Dubarry, avec le tact que ses ennemis mêmes admiraient en elle, se tint au fond de la chambre et demeura hors de vue.

Chacun passa au pied du balcon pour saluer le roi et Son Altesse Royale, madame la Dauphine connaissait déjà beaucoup de ceux qui l'avaient accompagnée. Le roi lui nommait ceux qu'elle ne connaissait pas. De temps en temps, un mot gracieux, un heureux à-propos tombait de ses lèvres et faisait la joie de ceux auxquels il était adressé.

Gilbert voyait de loin toute cette bassesse, et se disait :

— Je suis plus grand que tous ces gens-là, car, pour tout l'or du monde, je ne ferais pas ce qu'ils font.

Le tour vint de M. de Taverney et de sa famille. Gilbert se souleva sur un genou.

— Monsieur Philippe, dit la Dauphine, je vous donne congé pour conduire monsieur votre père et mademoiselle votre sœur à Paris.

Gilbert entendit ces paroles qui, dans le

silence de la nuit et au milieu du recueillement de ceux qui écoutaient et regardaient, vinrent vibrer à ses oreilles.

Madame la Dauphine ajouta :

— Monsieur de Taverney, je ne puis vous loger encore ; partez donc avec mademoiselle pour Paris, jusqu'à ce que j'aie installé ma maison à Versailles; mademoiselle, pensez un peu à moi.

Le baron passa avec son fils et sa fille. Beaucoup d'autres venaient après eux, à qui la Dauphine avait encore de pareilles choses à dire; mais peu importait à Gilbert.

Il se glissa hors du taillis et suivit le

baron au milieu des cris confus de deux cents laquais courant après leurs maîtres, de cinquante cochers répondant aux laquais, et de soixante voitures roulant sur le pavé comme autant de tonnerres.

Comme M. de Taverney avait un carrosse de la cour, ce carrosse attendait à part. Il y monta avec Andrée et Philippe, puis la portière se referma sur eux.

— Mon ami, dit Philippe au laquais qui refermait la portière, montez sur le siége avec le cocher.

— Pourquoi donc ? pourquoi donc? demanda le baron.

— Parce que le pauvre diable se tient debout depuis le matin et doit être fatigué, dit Philippe.

Le baron grommela quelques paroles que Gilbert ne put entendre. Le laquais monta près du cocher.

Gilbert s'approcha.

Au moment où la voiture allait se mettre en route, on s'aperçut qu'un des traits était détaché.

Le cocher descendit, et la voiture demeura un instant encore stationnaire.

— Il est bien tard, dit le baron.

— Je suis horriblement fatiguée, murmura Andrée; trouverons-nous à coucher au moins?

— Je l'espère, dit Philippe. J'ai envoyé directement Labrie et Nicole de Soissons à Paris. Je leur ai donné une lettre pour un de mes amis, le chargeant de retenir un petit pavillon que sa mère et sa sœur ont habité l'année passée. Ce n'est pas un logement de luxe, mais c'est une demeure commode. Vous ne cherchez point à paraître, vous ne demandez qu'à attendre.

— Ma foi, dit le baron, cela vaudra toujours bien Taverney.

— Malheureusement, oui, mon père,

dit Philippe en souriant avec mélancolie.

— Aurai-je des arbres? demanda Andrée.

— Oui, et de fort beaux. Seulement, selon toute probabilité, vous n'en jouirez pas longtemps; car, aussitôt le mariage fait, vous serez présentée.

— Allons, nous faisons un beau rêve ; tâchons de ne pas nous réveiller trop tôt. Philippe, as-tu donné l'adresse au cocher?

Gilbert écouta avec anxiété.

— Oui, mon père, dit Philippe.

Gilbert, qui avait tout entendu, avait eu un instant l'espoir d'entendre l'adresse.

— N'importe, dit-il, je les suivrai. Il n'y a qu'une lieue d'ici à Paris.

Le trait était rattaché, le cocher remonté sur son siége, le carrosse se mit à rouler.

Mais les chevaux du roi vont vite, quand la file ne les force point à aller doucement, si vite qu'ils rappelèrent au pauvre Gilbert la route de La Chaussée, son évanouissement, son impuissance.

Il fit un effort, atteignit le marche-pied de derrière, laissé vacant par le laquais.

Fatigué, Gilbert s'y cramponna, s'y assit et roula.

Mais presque aussitôt la pensée lui vint qu'il était monté derrière la voiture d'Andrée, c'est-à-dire à la place d'un laquais.

— Eh bien! non! murmura l'inflexible jeune homme, il ne sera pas dit que je n'ai point lutté jusqu'au dernier moment; mes jambes sont fatiguées, mais mes bras ne le sont point.

Et, saisissant de ses deux mains le marchepied sur lequel il avait posé la pointe de ses souliers, il se fit traîner au-dessous du siége, et malgré les cahots, les secousses, il se maintint par la vigueur de ses bras dans cette position difficile, plutôt que de capituler avec sa conscience.

— Je saurai son adresse, murmura-t-il, je la saurai. Encore une mauvaise nuit à passer; mais demain je me reposerai sur mon siége, en copiant de la musique. Il me reste de l'argent, d'ailleurs, et je puis m'accorder deux heures de sommeil si je veux.

Puis il pensait que Paris était bien grand, et qu'il allait être perdu, lui qui ne le connaissait pas, quand le baron, son fils et sa fille seraient rentrés dans la maison que leur avait choisie Philippe.

Heureusement qu'il était près de minuit et que le jour venait à trois heures et demie du matin.

Comme il réfléchissait à tout cela, Gilbert remarqua qu'il traversait une grande place, au milieu de laquelle s'élevait une statue équestre.

— Tiens, l'on dirait la place des Victoires, fit-il joyeux et surpris à la fois.

La voiture tourna, Andrée mit sa tête à la portière.

Philippe dit :

— C'est la statue du feu roi. Nous arrivons.

On descendit par une pente assez rapide; Gilbert faillit rouler sous les roues.

— Nous voici arrivés, dit Philippe.

Gilbert laissa ses pieds toucher la terre et s'élança de l'autre côté de la rue, où il se tapit derrière une borne.

Philippe sauta le premier hors de la voiture, sonna, et se retournant, reçut Andrée dans ses bras.

Le baron descendit le dernier.

— Eh bien! dit-il, ces marauds-là vont-ils nous faire passer la nuit ici?

En ce moment les voix de Labrie et de Nicole résonnèrent, et une porte s'ouvrit.

Les trois voyageurs s'engloutirent dans une sombre cour dont la porte se referma sur eux.

La voiture et les laquais partirent; ils retournaient aux écuries du roi.

La maison dans laquelle venaient de disparaître les trois voyageurs n'avait rien de remarquable; mais la voiture en passant éclaira la maison voisine et Gilbert put lire:

Hôtel d'Armenonville.

Il lui restait à connaître la rue.

Il gagna l'extrémité la plus voisine, celle d'ailleurs par laquelle s'était éloigné le carrosse, et à son grand étonnement, à cette extrémité il rencontra la fontaine à laquelle il avait l'habitude de boire.

Il fit dix pas dans une rue en retour parallèle à celle qu'il quittait, et reconnut le boulanger qui lui vendait son pain.

Il doutait encore et revint jusqu'à l'angle de la rue. A la lueur lointaine d'un réverbère, il put lire alors sur un fond de pierre blanche les deux mots qu'il avait lus trois jours auparavant en revenant d'herboriser avec Rousseau dans les bois de Meudon:

— Rue Plastrière!

Ainsi Andrée était à cent pas de lui, moins loin qu'il n'y avait, à Taverney, de sa petite chambre à la grille du château.

Alors il regagna sa porte, espérant que le bienheureux bout de ficelle qui soulevait le loquet intérieur ne serait point tiré en dedans.

Gilbert était dans son jour de chance. Il en passait quelques fils; à l'aide de ces fils, il attira le tout à lui : la porte céda.

Le jeune homme trouva l'escalier à tâtons, monta marche à marche, sans faire de bruit, et finit par toucher du bout des doigts le cadenas de sa chambre, auquel

Rousseau, par complaisance, avait laissé la clef.

Au bout de dix minutes, la fatigue l'avait emporté sur la préoccupation, et Gilbert s'endormait dans l'impatience du lendemain.

VI

Le pavillon.

Rentré tard, couché vite, endormi lourdement, Gilbert avait oublié de placer sur sa lucarne le lambeau de toile à l'aide duquel il interceptait la lumière du soleil levant.

Ce soleil, frappant sur ses yeux, à cinq

heures du matin, le réveilla bientôt; il se leva, inquiet d'avoir trop dormi.

Gilbert, homme des champs, savait à merveille reconnaître l'heure au gisement du soleil et à la couleur plus ou moins chaude de ses rayons. Il courut consulter son horloge.

La pâleur de la lumière, éclairant à peine le faîte des hauts arbres, le rassura; au lieu de s'être levé trop tard, il s'était levé trop tôt.

Gilbert fit sa toilette à sa lucarne, songeant aux événements de la veille, et exposa avec délices son front brûlant et alourdi à la brise fraîche du matin ; puis il se souvint qu'Andrée logeait dans une rue voisine, près de l'hôtel d'Armenonville, et il chercha à deviner dans laquelle de toutes ces maisons logeait Andrée.

La vue des ombrages qu'il dominait lui rappela une des paroles de la jeune fille qu'il avait entendues la veille.

— Y a-t-il des arbres ? avait demandé Andrée à Philippe.

Que n'avait-elle choisi le pavillon inhabité du jardin, se disait Gilbert.

Cette réflexion ramena naturellement le jeune homme à s'occuper de ce pavillon.

Par une coïncidence étrange avec sa pensée, un bruit et un mouvement inaccoutumés appelaient d'ailleurs son regard de ce côté. Une des fenêtres de ce pavillon, fenêtre qui semblait depuis si longtemps condamnée, s'ébranlait sous une main maladroite ou faible; le bois cédait par en haut; mais, attaché sans doute par l'humidité au rebord de la croisée, il résistait en refusant de se développer au dehors.

Enfin une secousse plus violente fit crier le chêne, et les deux battants, brusquement chassés, laissèrent entrevoir une jeune fille toute rouge encore des efforts qu'elle venait de faire, et secouant ses mains poudreuses.

Gilbert jeta un cri d'étonnement et se retira en arrière. Cette jeune fille, toute bouffie encore de sommeil et qui se détirait au grand air, c'était mademoiselle Nicole.

Il n'y avait pas un doute à conserver. La veille, Philippe avait annoncé à son père et à sa sœur que La Brie et Nicole préparaient leur logement. Ce pavillon était donc le logement préparé. Cette maison de la rue Coq-Héron, où s'étaient engouffrés les voyageurs, avait donc ses jardins contigus au derrière de la rue Plâtrière.

Le mouvement de Gilbert avait été si accentué que si Nicole, assez éloignée du reste, n'eût pas été si occupée de cette contemplation oisive qui devient un bonheur au moment du réveil, elle eût vu notre philosophe au moment où il se retirait de sa lucarne.

Mais Gilbert s'était retiré d'autant plus rapidement qu'il ne se fût pas arrangé d'être découvert par Nicole à la lucarne d'un toit; peut-être s'il eût habité un premier étage, et si par sa fenêtre ouverte on eût pu apercevoir derrière lui de riches tapisseries et des meubles somptueux, Gilbert eût-il moins craint de se faire voir;

mais la mansarde du cinquième le classait encore trop bas dans les infériorités sociales pour qu'il ne mît pas une grande attention à se dérober. D'ailleurs, il y a toujours un grand avantage dans ce monde à voir sans être vu.

Puis, si Andrée savait qu'il était là, ne serait-ce pas suffisant ou pour faire déménager Andrée, ou pour qu'Andrée ne se promenât point dans le jardin?

Hélas! l'orgueil de Gilbert le grandissait encore à ses propres yeux. Qu'importait Gilbert à Andrée, et en quoi Andrée pouvait-elle remuer un pied pour s'approcher ou pour s'éloigner de Gilbert? N'était-t-elle pas de cette race de femmes qui sortent du bain devant un laquais ou un paysan, parce qu'un laquais ou un paysan ne sont point des hommes.

Mais Nicole, elle, n'était point de cette race-là, et il fallait éviter Nicole.

Voilà surtout pourquoi Gilbert s'était retiré si brusquement.

Mais Gilbert ne pouvait s'être retiré pour demeurer éloigné de la fenêtre; il se rapprocha donc doucement, et hasarda son œil à l'angle de la lucarne.

Une seconde fenêtre, située au rez de

chaussée, exactement au-dessous de la première, venait de s'ouvrir, et une forme blanche apparaissait à cette fenêtre : c'était Andrée qui venait de se réveiller, Andrée en peignoir du matin et occupée à chercher la mule, qui venait de s'échapper de son petit pied encore tout endormi et qui s'était égarée sous une chaise.

Gilbert avait beau se jurer, chaque fois qu'il voyait Andrée, de se faire un rempart de sa haine, au lieu de se laisser aller à son amour, le même effet était reproduit par la même cause ; il fut obligé de s'appuyer à la muraille, son cœur battait comme s'il allait se rompre, et ses battements faisait bouillonner le sang par tout son corps.

Cependant, peu à peu, les artères du jeune homme se calmèrent, et il put réfléchir. Il s'agissait, comme nous l'avons dit, de voir sans être vu. Il prit une des robes de Thérèse, l'attacha avec une épingle à une corde qui traversait sa fenêtre dans toute sa largeur, et, sous ce rideau improvisé, il put voir Andrée sans crainte d'en être vu.

Andrée imita Nicole ; elle étendit ses beaux bras blancs, qui, un instant, par leur extension, disjoignirent le peignoir ; puis elle se pencha sur la rampe de sa fenêtre pour interroger plus à son aise les jardins environnants.

Alors, son visage exprima une satisfaction marquée, elle qui souriait si rarement aux hommes, elle sourit sans arrière-pensée aux choses. De tous côtés, elle était ombragée par de grands arbres, de tous côtés, elle était entourée de verdure.

La maison de Gilbert attira les regards d'Andrée comme toutes les autres maisons qui faisaient ceinture au jardin. De la place où était Andrée, on ne pouvait en voir que les mansardes, de même que les mansardes seules, aussi, pouvaient voir chez Andrée. Elle n'attira donc point son attention. Que pouvait importer à la fière jeune fille la race qui demeurait là-haut.

Andrée demeura donc convaincue, après son examen, qu'elle était seule, invisible, et que sur les limites de cette tranquille retraite n'apparaissait aucun visage curieux ou jovial de ces Parisiens moqueurs, si redoutés des femmes de province.

Ce résultat fut immédiat. Andrée laissant sa fenêtre toute grande ouverte, pour que l'air matinal pût baigner jusqu'aux derniers recoins de sa chambre, alla vers sa cheminée, tira le cordon d'une sonnette et commença de s'habiller, ou plutôt de se déshabiller, dans la pénombre de la chambre.

Nicole arriva, détacha les courroies d'un nécessaire de chagrin qui datait de la reine Anne, prit le peigne d'écaille, et déroula les cheveux d'Andrée.

En un moment, les longues tresses et les boucles touffues glissèrent comme un manteau sur les épaules de la jeune fille.

Gilbert poussa un soupir étouffé. A peine s'il reconnaissait ces beaux cheveux d'Andrée que la mode et l'étiquette venaient de couvrir de poudre; mais il reconnaissait Andrée, Andrée à moitié dévêtue, cent fois plus belle de sa négligence qu'elle ne l'eût été des plus pompeux apprêts. Sa bouche crispée n'avait plus de salive, ses doigts brûlaient de fièvre, son œil s'éteignait à force de fixité.

Le hasard fit que tout en se faisant coiffer, Andrée leva la tête et que ses yeux se fixèrent sur la mansarde de Gilbert.

—Oui, oui, regarde, regarde, murmura Gilbert, tu auras beau regarder, tu ne verras rien, et moi je vois tout.

Gilbert se trompait, Andrée voyait quelque chose, c'était cette robe flottante, enroulée autour de la tête du jeune homme et qui lui servait de turban.

Elle montra du doigt cet étrange objet à Nicole.

Nicole interrompit la besogne compliquée qu'elle avait entreprise, et, désignant la lucarne avec le peigne, elle parut demander à sa maîtresse si c'était bien-là l'objet qu'elle désignait.

Cette télégraphie, que dévorait Gilbert et dont il jouissait éperduement, avait, sans qu'il s'en doutât, un troisième spectateur.

Gilbert, tout à coup, sentit une main brusque arracher de son front la robe de Thérèse et tomba foudroyé en apercevant Rousseau.

— Que diable faites-vous là, monsieur? s'écria le philosophe avec un sourcil froncé et une grimace fâcheuse, et un examen scrutateur de la robe empruntée à sa femme.

Gilbert s'efforça de détourner l'attention de Rousseau de la lucarne.

— Rien, monsieur, dit-il, absolument rien.

— Rien; alors, pourquoi vous cachiez-vous sous cette robe?

— Le soleil me blessait.

— Nous sommes au couchant, et le soleil vous blesse au moment où il se lève ; vous avez les yeux bien délicats, jeune homme !

Gilbert balbutia quelques mots, et, sentant qu'il s'enferrait, finit par cacher sa tête dans ses deux mains.

— Vous mentez et vous avez peur, dit Rousseau ; donc vous faisiez mal.

Et à la suite de cette terrible logique, qui acheva de bouleverser Gilbert, Rousseau vint se camper carrément devant la fenêtre.

Par un sentiment trop naturel pour qu'il ait besoin d'être expliqué, Gilbert, qui tout à l'heure tremblait d'être vu à cette fenêtre, s'y élança dès que Rousseau y fut.

— Ah! ah! dit celui-ci d'un ton qui figea le sang dans les veines de Gilbert, le pavillon est habité maintenant.

Gilbert ne souffla point le mot.

— Et par des gens, continua le philosophe ombrageux, par des gens qui connaissent ma maison, car ils se la montrent.

Gilbert, qui comprit qu'il s'était trop avancé, fit un mouvement en arrière.

Ni le mouvement ni la cause qui l'avait

produit n'échappèrent à Rousseau ; il comprit que Gilbert tremblait d'être vu.

— Non pas, dit-il en saisissant le jeune homme par le poignet ; non pas, mon jeune ami ; il y a là-dessous quelque trame, on désigne votre mansarde ; placez-vous là, s'il vous plaît.

Et il l'emmena en face de la fenêtre, découvert, éclatant.

— Oh ! non monsieur, non, par grâce ! s'écria Gilbert en se tordant pour échapper.

Mais pour échapper, ce qui était facile à un jeune homme fort et agile comme

Gilbert, il fallait engager une lutte, et une lutte avec Rousseau, une lutte avec son dieu ; le respect le retenait.

— Vous connaissez ces femmes, dit Rousseau, et elles vous connaissent ?

— Non, non, non, monsieur.

— Alors si vous ne les connaissez pas et que vous leur soyez inconnu, pourquoi ne pas vous montrer ?

— Monsieur Rousseau, vous avez eu parfois des secrets dans votre vie, n'est-ce pas ? eh bien ! pitié pour un secret.

— Ah ! traître, s'écria Rousseau, oui,

je connais les secrets de cette espèce, tu es une créature des Grimm, des d'Holbach, ils t'ont fait apprendre un rôle pour capter ma bienveillance, tu t'es introduit chez moi et tu me livres; oh! triple sot que je suis, oh! stupide amant de la nature, je crois secourir un des mes semblables, et j'amène chez moi un espion.

— Un espion! s'écria Gilbert révolté.

— Voyons! quel jour me vendras-tu, Judas? dit Rousseau se drapant avec la robe de Thérèse, qu'il avait machinalement gardée à sa main, et se croyant sublime de douleur, quand malheureusement il n'était que risible.

— Monsieur, vous me calomniez, dit Gilbert.

— Te calomnier, petit serpent, s'écria Rousseau, quand je te trouve occupé à correspondre par gestes avec mes ennemis, à leur raconter par signes, peut-être, que sais-je? le sujet de mon dernier ouvrage.

— Monsieur, si j'étais venu chez vous pour trahir le secret de votre travail, j'aurais plutôt fait de copier vos manuscrits qui sont sur votre bureau, que de raconter par signes le sujet qu'ils traitent.

C'était vrai, et Rousseau sentit si bien qu'il avait dit une de ces énormités qui lui échappaient dans ses monomanies de terreur, qu'il se fâcha.

— Monsieur, dit-il, j'en suis désespéré pour vous, mais l'expérience m'a rendu sévère ; ma vie s'est écoulée dans les déceptions ; j'ai été trahi par tous, renié par tous, livré, vendu, martyrisé par tous. Je suis, vous le savez, un des illustres malheureux que les gouvernements mettent au ban de la société. Dans une pareille situation, il est permis d'être soupçonneux. Or, vous m'êtes suspect, et vous allez sortir de chez moi.

Gilbert ne s'attendait pas à cette péroraison.

Lui, Gilbert, être chassé!

Il ferma ses poings crispés, et un éclair qui fit frissonner Rousseau passa dans ses yeux.

Mais cet éclair passa sans durer et s'éteignit sans bruit.

Gilbert avait réfléchi qu'en partant il allait perdre le bonheur si doux de voir Andrée à chaque instant du jour, et cela en perdant l'amitié de Rousseau : c'était à la fois le malheur et la honte.

Il tomba du haut de son orgueil sauvage et joignant les deux mains :

— Monsieur, dit-il, écoutez-moi, un mot, un seul.

— Je suis impitoyable, s'écria Rousseau; les hommes m'ont rendu, par leurs injustices, plus féroce qu'un tigre. Vous correspondez avec mes ennemis, allez les rejoindre, je ne vous en empêche pas : liguez-vous avec eux, je ne m'y oppose pas, mais sortez de chez moi.

— Monsieur ces deux jeunes filles ne sont pas vos ennemies, c'est mesdemoiselles Andrée et Nicole.

— Qu'est-ce que mademoiselle Andrée, demanda Rousseau à qui ce nom prononcé déjà deux ou trois fois par Gilbert n'était pas tout à fait étranger, qu'est-ce que mademoiselle Andrée, dites?

— Mademoiselle Andrée, monsieur, est la fille du baron de Taverney; c'est, oh! excusez-moi de vous dire de telles choses, mais c'est vous qui m'y forcez, c'est celle que j'aime plus que vous n'avez aimé mademoiselle Galley, madame de Warens, ni personne; c'est celle que j'ai suivie à pied, sans argent, sans pain, jusqu'à ce que je tombasse sur la route écrasé de fatigue et brisé de douleur; c'est celle que j'ai été revoir hier à Saint-Denis, derrière laquelle j'ai couru jusqu'à la Muette, que j'ai de nouveau accompagnée sans qu'elle me vît de la Muette à la rue voisine de la vôtre ; c'est celle que par hasard j'ai retrouvée ce matin habitant ce pavillon ; c'est celle enfin pour laquelle je voudrais devenir ou Turenne, ou Richelieu, ou Rousseau.

Rousseau connaissait le cœur humain et savait le diapason de ses cris ; il savait que le meilleur comédien ne pouvait avoir cet accent trempé de larmes avec lequel Gilbert parlait, et ce geste fiévreux avec lequel il accompagnait ses paroles.

— Ainsi, dit-il, cette jeune dame c'est mademoiselle Andrée ?

— Oui, monsieur Rousseau.

— Donc vous la connaissez ?

— Je suis le fils de sa nourrice.

— Alors, vous mentiez donc tout à l'heure quand vous disiez que vous ne la connaissiez pas, et si vous n'êtes pas un traître, vous êtes un menteur.

— Monsieur, dit Gilbert, vous me déchirez le cœur, et, en vérité, vous me feriez moins de mal en me tuant à cette place.

— Bah ! phraséologie, style de Diderot et de Marmontel ; vous êtes un menteur, monsieur.

— Eh bien ! oui, oui, dit Gilbert, je suis

un menteur, monsieur, et tant pis pour vous si vous ne comprenez pas un pareil mensonge. Un menteur! un menteur!... Ah! je pars... adieu! Je pars désespéré, et vous aurez mon désespoir sur la conscience.

Rousseau se caressait le menton en regardant ce jeune homme qui avait avec lui-même de si frappantes analogies.

— Voilà un grand cœur ou un grand fourbe, dit-il; mais, après tout, si l'on conspire contre moi, pourquoi ne tiendrais-je pas dans ma main les fils de la conspiration.

Gilbert avait fait quatre pas vers la porte,

et la main posée sur la serrure, il attendait un dernier mot qui le chassât tout à fait ou qui le rappelât.

— Assez sur ce sujet, mon fils, dit Rousseau. Si vous êtes amoureux au point que vous le dites, hélas! tant pis pour vous. Mais voilà qu'il se fait tard, vous avez perdu la journée d'hier, nous avons trente pages de copie à faire aujourd'hui entre nous deux. Alerte, Gilbert, alerte!

Gilbert saisit la main du philosophe et l'appuya contre ses lèvres; il n'en eût certes pas tant fait de la main d'un roi.

Mais avant de sortir, et tandis que Gilbert, tout ému, se tenait contre la porte, Rousseau s'approcha une dernière fois de la fenêtre, et regarda les deux jeunes filles.

En ce moment, Andrée justement venait de laisser tomber son peignoir, et prenait une robe des mains de Nicole.

Elle vit cette tête pâle, ce corps immobile, fit un brusque mouvement en arrière, et ordonna à Nicole de fermer la fenêtre.

Nicole obéit.

— Allons, dit Rousseau, ma vieille tête lui a fait peur ; cette jeune figure ne l'effrayait pas tantôt.

Oh! belle jeunesse, ajouta-t-il en soupirant :

> O quiventu primavera del eta
> O primavera quiventu del anno.

Et rattachant au clou la robe de Thérèse, il descendit mélancoliquement l'escalier sur les pas de Gilbert, contre la jeunesse duquel il eût peut-être échangé en ce moment cette réputation qui balançait celle de Voltaire et partageait avec elle l'admiration du monde entier.

VII

La maison de la rue Saint-Claude.

La rue Saint-Claude, dans laquelle le comte de Fœnix avait donné rendez-vous au cardinal de Rohan, n'était pas tellement différente à cette époque de ce qu'elle est maintenant qu'on n'y puisse retrouver encore les vestiges des localités que nous allons essayer de peindre.

Elle aboutissait, comme elle le fait aujourd'hui, à la rue Saint-Louis et au boulevard, passant par cette même rue Saint-Louis entre le couvent des Filles du Saint-Sacrement et l'hôtel de Voysins, tandis qu'aujourd'hui, elle sépare à son bout une église et un magasin d'épiceries.

Comme aujourd'hui, elle rejoignait le boulevard par une pente assez rapide.

Elle était riche de quinze maisons et de sept lanternes.

Deux impasses s'y remarquaient.

L'une, à gauche, et celle-là formait enclave sur l'hôtel de Voysins; l'autre, à droite, nord sur le grand jardin des Filles du Saint-Sacrement.

Cette dernière impasse, ombragée à droite par les arbres du couvent, était bordée à gauche par le grand mur gris d'une maison qui s'élevait dans la rue Saint-Claude.

Ce mur, semblable au visage d'un Cyclope, n'avait qu'un œil, ou si l'on aime mieux, qu'une fenêtre, encore cette fenêtre, treillissée, grillagée, barrée, était-elle abominablement noire.

Juste au-dessous de cette fenêtre, qui

jamais ne s'ouvrait, on le voyait aux toiles d'araignées qui la tapissaient au dehors; juste au-dessous de cette fenêtre, disons-nous, était une porte garnie de larges clous, laquelle indiquait, non point qu'on entrait, mais qu'on pouvait entrer de ce côté dans la maison.

Pas d'habitations dans ce cul-de-sac; deux habitants seulement. Un savetier dans une boîte de bois, et une ravaudeuse dans un tonneau, tous deux s'abritant sous les acacias du couvent qui, dès neuf heures du matin, versaient une large fraîcheur au sol poudreux.

Le soir, la ravaudeuse regagnait son

domicile ; le savetier cadenassait son palais, et rien ne surveillait plus la ruelle, sinon l'œil sombre et morne de cette fenêtre dont nous avons déjà parlé.

Outre la porte que nous avons dite, la maison que nous avons entrepris de décrire le plus exactement possible, avait une entrée principale dans la rue Saint-Claude. Cette entrée, qui était une porte cochère avec des sculptures d'un relief qui rappelait l'architecture du temps de Louis XIII, était ornée de ce marteau à tête de griffon que le comte de Fœnix avait indiqué comme renseignement positif au cardinal de Rohan.

Quant aux fenêtres, elles avaient vue sur le boulevard, et dès le matin, étaient levées pour le soleil levant.

Paris, à cette époque, et dans ce quartier surtout, n'était pas bien sûr. On ne s'étonnait donc pas d'y voir les fenêtres grillées et les murailles hérissées d'artichauts de fer.

Nous disons cela parce que le premier étage de notre maison ne ressemblait pas mal à une forteresse. Contre les ennemis, contre les larrons et contre les amants, il offrait des balcons de fer aux mille pointes acérées ; un fossé profond ceignait le bâtiment du côté du boulevard, et quant à parvenir dans ce fort par la rue, il eût fallu des échelles de trente pieds pour y parvenir. Le mur en avait trente-deux, et il masquait ou plutôt enterrait la cour d'honneur.

Cette maison, devant laquelle tout passant, étonné, inquiet et curieux s'arrêterait aujourd'hui, n'avait cependant point, en 1770, un aspect bien étrange. Tout au contraire, elle était en harmonie avec le quartier, et si les bons habitants de la rue Saint-Louis et les habitants non moins bons de la rue Saint-Claude fuyaient les alentours de cet hôtel, ce n'était point à cause de l'hôtel lui-même, car sa réputation était encore intacte, mais à cause du boulevard désert de la porte Saint-Louis, assez mal famé, et du Pont aux Choux, dont les deux arches, jetées sur un égout, paraissaient à tout Parisien un peu au courant des traditions les infranchissables colonnes de Cadès.

En effet, le boulevard, de ce côté, ne conduisait à rien qu'à la Bastille. On n'y voyait pas dix maisons en l'espace d'un quart de lieue : aussi, l'édilité n'ayant pas jugé à propos d'éclairer ce rien, ce vide, ce néant, passé huit heures l'été et quatre heures l'hiver, c'était le chaos, plus les voleurs.

Ce fut cependant par ce boulevard, le soir, vers neuf heures, que rentra un carrosse rapide, trois quarts d'heure environ après la visite de Saint-Denis.

Les armes du comte de Fœnix décoraient les panneaux de ce carrosse.

Quant au comte, il précédait le carrosse de vingt pas, monté sur Djerid qui faisait siffler sa longue queue en aspirant la chaleur opaque du pavé poudreux.

Dans le carrosse aux rideaux fermés reposait Lorenza, endormie sur des coussins.

La porte s'ouvrit comme par enchantement devant le bruit des roues, et le carrosse, après s'être engouffré dans les noires profondeurs de la rue Saint-Claude, disparut dans la cour de la maison que nous venons de décrire.

La porte se referma derrière lui.

Il n'était certes pas besoin cependant d'un si grand mystère, personne n'était là pour voir rentrer le comte de Fœnix, ou pour le gêner en quelque chose que ce fût, eût-il rapporté de Saint-Denis le trésor abbatial dans les coffres de sa voiture.

Maintenant, quelques mots sur l'intérieur de cette maison, qu'il est important pour nous de faire connaître à nos lecteurs, notre intention étant de les y ramener plus d'une fois.

Dans cette cour dont nous parlions et dont l'herbe vivace, jouant comme une mine continue, essayait, par un travail incessant, de disjoindre le pavés, on voyait à droite les écuries, à gauche les remises, et au fond un perron conduisant vers une porte, à laquelle on montait indifféremment d'un côté ou de l'autre, par un double escalier de douze marches.

Par bas, l'hôtel, du moins ce qui en était accessible, se composait d'une immense antichambre, d'une salle à manger remarquable par un grand luxe d'argenterie entassée dans des dressoirs, et enfin d'un salon qui paraissait meublé tout récemment, exprès peut-être pour recevoir ses nouveaux locataires.

En sortant de ce salon et en rentrant dans l'antichambre, on se trouvait en face d'un grand escalier conduisant au premier. Ce premier se composait de trois chambres de maître.

Mais un géomètre habile, en mesurant de l'œil la circonférence de l'hôtel et en calculant le diamètre, aurait pu s'étonner de trouver si peu de logement dans une pareille étendue.

C'est que dans cette première maison apparente il existait une seconde maison cachée, et connue seulement de celui qui l'habitait.

En effet, dans l'antichambre, à côté d'une statue du dieu Harpocrate qui, les doigts sur les lèvres, semblait recommander le silence, dont il est l'emblème, jouait, mise en mouvement par un ressort, une petite porte perdue dans les ornements d'architecture. Cette porte donnait accès à un escalier pris dans un corridor et de la largeur de ce corridor qui, à la hauteur de l'autre premier à peu près, conduisait à une petite chambre prenant son jour par deux fenêtres grillées, donnant sur une cour intérieure.

Cette cour intérieure était la boîte qui renfermait et cachait à tous les yeux la seconde maison.

La chambre à laquelle conduisait cet escalier était évidemment une chambre d'homme. Les descentes de lits et les tapis placés devant les fauteuils et les canapés étaient des plus magnifiques fourrures que fournissent l'Afrique et l'Inde. C'étaient des peaux de lions, de tigres et de panthères, aux yeux étincelants et aux dents encore menaçantes, les murailles tendues en cuir de Cordoue, du dessin le plus large et le plus harmonieux, étaient décorées d'armes de toute espèce, depuis le tomahawk du Huron, jusqu'au crik du Malais, depuis l'épée en croix des anciens chevaliers, jusqu'au cangiar de l'Arabe; depuis l'arquebuse incrustée d'ivoire du seizième siècle, jusqu'au fusil damasquiné d'or du dix-huitième.

On eût inutilement cherché à cette chambre une issue autre que celle de l'escalier, peut-être y en avait-il une ou plusieurs, mais inconnues, mais invisibles.

Un domestique allemand, de vingt-cinq à trente ans, le seul qu'on eût vu depuis plusieurs jours errer dans la vaste maison, referma au verrou la porte cochère, et ouvrant la porte de la voiture, tandis que le cocher impassible dételait déjà les chevaux, il tira du carrosse Lorenza endormie et la porta entre ses bras jusqu'à l'antichambre ; là, il la déposa sur une table couverte d'un tapis rouge et abaissa sur ses pieds, avec discrétion, le long voile blanc qui enveloppait la jeune femme.

Puis il sortit pour aller allumer aux lanternes de la voiture un chandelier à sept branches qu'il rapporta tout enflammé.

Mais pendant cet intervalle, si court qu'il eût été, Lorenza avait disparu.

En effet, derrière le valet de chambre,

le comte de Fœnix était entré; il avait pris Lorenza entre ses bras, à son tour, il l'avait portée par la porte dérobée et par l'escalier secret, dans la chambre des armes, après avoir, avec soin, refermé les deux portes derrière lui.

Une fois là, du bout du pied, il pressa un ressort placé dans l'angle de la cheminée à haut manteau. Aussitôt une porte, qui n'était autre que la plaque de cette cheminée, roula sur deux gonds silencieux, et le comte, passant sous le chambranle, disparut, refermant avec le pied, comme il l'avait ouverte, cette porte mystérieuse.

De l'autre côté de la cheminée, il avait trouvé un second escalier, et après avoir monté quinze marches tapissées de velours d'Utrecht, il avait atteint le seuil d'une chambre élégamment tendue de satin broché de fleurs aux couleurs si vives et aux formes si bien dessinées, qu'on eût pu les prendre pour des fleurs naturelles.

Le meuble pareil était de bois doré; deux grandes armoires d'écaille incrustées de cuivre, un clavecin et une toilette en bois de rose, un beau lit tout diapré, des porcelaines de Sèvres, composaient la partie indispensable du mobilier: des chaises, des fauteuils et des sofas, disposés avec symétrie, dans un espace de trente pieds carrés, ornaient le reste de l'appartement, qui, au reste, ne se composait que d'un cabinet de toilette et d'un boudoir attenant à la chambre.

Deux fenêtres masquées par d'épais rideaux donnaient le jour à cette chambre; mais, comme il faisait nuit à cette heure, les rideaux n'avaient rien à cacher.

Le boudoir et le cabinet de toilette n'avaient aucune ouverture. Des lampes consumant une huile parfumée les éclairaient le jour comme la nuit, et, s'enlevant à travers le plafond, étaient entretenues par des mains invisibles.

Dans cette chambre, pas un bruit, pas un souffle; on eût dit être à cent lieues du monde. Seulement, l'or y brillait de tous côtés, de belles peintures souriaient sur les murailles, et de longs cristaux de Bohême, aux facettes chatoyantes, s'illuminaient comme des yeux ardents, lorsqu'après avoir déposé Lorenza sur un sofa, le comte, mal satisfait de la lumière tremblante du boudoir, fit jaillir le feu de cet étui d'argent qui avait tant préoccupé Gilbert, et alluma sur la cheminée deux candélabres chargés de bougies roses.

Alors il revint vers Lorenza, et mettant sur une pile de coussins un genou en terre devant elle :

— Lorenza ! dit-il.

La jeune femme, à cet appel, se souleva sur un coude, quoique ses yeux restassent fermés. Mais elle ne répondit point.

— Lorenza, répéta-t-il, dormez-vous de votre sommeil ordinaire ou du sommeil magnétique ?

— Je dors du sommeil magnétique, répondit Lorenza.

— Alors, si je vous interroge, vous pourrez répondre ?

— Je crois que oui.

— Bien.

Il se fit un instant de silence; puis le comte de Fœnix continua :

— Regardez dans la chambre de Madame Louise que nous venons de quitter, il y a trois quarts d'heure à peu près.

— J'y regarde, répondit Lorenza.

— Et y voyez-vous?

— Oui.

— Le cardinal de Rohan s'y trouve-t-il encore?

— Je ne l'y vois pas.

— Que fait la princesse?

— Elle prie avant de se mettre au lit.

— Regardez dans les corridors et dans les cours du couvent si vous voyez Son Eminence?

— Je ne la vois pas.

— Regardez à la porte si sa voiture y est encore.

— Elle n'y est plus.

— Suivez la route que nous avons suivie?

— Je la suis.

— Voyez-vous des carrosses sur la route?

— Oh! oui, plusieurs.

— Et dans ces carrosses reconnaissez-vous le cardinal?

— Non.

— Rapprochez-vous de Paris?

— Je m'en rapproche.

— Encore?

— Oui.

— Encore?

— Ah! je le vois.

— Où cela?

— A la barrière.

— Est-il arrêté?

— Il s'arrête en ce moment. Un valet de pied descend de derrière la voiture.

— Il lui parle?

— Il va lui parler.

— Écoutez, Lorenza. Il est important que je sache ce que le cardinal a dit à cet homme.

— Vous ne m'avez pas ordonné d'écouter

à temps. Mais, attendez, attendez, le valet de chambre parle au cocher.

— Que lui dit-il?

— Rue Saint-Claude, au Marais, par le boulevard.

— Bien, Lorenza, merci.

Le comte écrivit quelques mots sur un papier, plia le papier autour d'une petite plaque de cuivre, destinée sans doute à lui donner du poids, tira le cordon d'une sonnette, poussa un bouton au-dessous duquel s'ouvrit une gueule, laissa glisser le billet dans l'ouverture, qui se referma après l'avoir englouti.

C'était la manière dont le comte, lorsqu'il était enfermé dans les chambres intérieures, correspondait avec Fritz.

Puis, revenant à Lorenza :

— Merci, répéta-t-il.

— Tu es donc content de moi ? demanda la jeune femme.

— Oui, chère Lorenza.

— Eh bien, ma récompense, alors !

Balsamo sourit, et approcha ses lèvres de celles de Lorenza dont tout le corps frissonna au voluptueux contact.

— Oh! Joseph! Joseph! murmura-t-elle avec un soupir presque douloureux, Joseph! que je t'aime!

Et la jeune femme étendit ses deux bras pour serrer Balsamo contre son cœur.

VIII

La double existence. — Le sommeil.

Balsamo se recula vivement, les deux bras de Lorenza ne saisirent que l'air et retombèrent en croix sur sa poitrine.

— Lorenza, dit Balsamo, veux-tu causer avec ton ami?

— Oh! oui, dit-elle ; mais parle-moi toi-même souvent : j'aime tant ta voix !

— Lorenza, tu m'as dit souvent que tu serais bien heureuse si tu pouvais vivre avec moi, séparée du monde entier.

— Oui, ce serait le bonheur.

— Eh bien! j'ai réalisé ton vœu, Lorenza. Dans cette chambre, nul ne peut nous poursuivre, nul ne peut nous atteindre ; nous sommes seuls, bien seuls.

— Ah ! tant mieux.

— Dis-moi si cette chambre est de ton goût.

— Ordonne-moi de voir, alors.

— Vois!

— Oh! la charmante chambre! dit-elle.

— Elle te plaît donc? demanda le comte avec douceur.

— Oh! oui : voilà mes fleurs favorites, mes héliotropes vanille, mes roses pourpre, mes jasmins de la Chine. Merci, mon tendre Joseph, que tu es bon!

— Je fais ce que je peux pour te plaire, Lorenza.

— Oh! tu fais cent fois plus que je ne mérite.

— Tu en conviens donc ?

— Oui.

— Tu avoues donc que tu as été bien méchante?

— Bien méchante! oh! oui. Mais tu me pardonnes, n'est-ce pas ?

— Je te pardonnerai quand tu m'auras expliqué cet étrange mystère contre lequel je lutte depuis que je te connais.

— Écoute, Balsamo. C'est qu'il y a en moi deux Lorenza bien distinctes : une qui t'aime et une qui te déteste, comme il y a en moi deux existences opposées : l'une pendant laquelle j'absorbe toutes les joies du paradis, l'autre pendant laquelle j'éprouve tous les tourments de l'enfer.

— Et ces deux existences sont, l'une, le sommeil, et l'autre, la veille, n'est-ce pas ?

— Oui.

— Et tu m'aimes quand tu dors, et tu me détestes quand tu veilles ?

— Oui.

— Pourquoi cela ?

— Je ne sais.

— Tu dois le savoir.

— Non.

— Cherche bien, regarde en toi-même, sonde ton propre cœur.

— Ah! oui... Je comprends maintenant.

— Parle.

— Quand Lorenza veille, c'est la Romaine, c'est la fille superstitieuse de l'Italie : elle croit que la science est un crime et l'amour un péché. Alors elle a peur du savant Balsamo, elle a peur du beau Joseph. Son confesseur lui a dit qu'en t'aimant elle perdrait son âme, et elle te fuira.

toujours, sans cesse, jusqu'au bout du monde.

— Et quand Lorenza dort?

— Oh ! c'est autre chose alors ; elle n'est plus Romaine, elle n'est plus superstitieuse, elle est femme. Alors elle voit dans le cœur et dans l'esprit de Balsamo ; elle voit que ce cœur l'aime, elle voit que ce génie rêve des choses sublimes. Alors elle comprend combien elle est peu de chose, comparée à lui. Et elle voudrait vivre et mourir près de lui, afin que l'avenir prononçât tout bas le nom de Lorenza, en même temps qu'il prononcera tout haut le nom de... Cagliostro !

— C'est donc sous ce nom que je deviendrai célèbre?

— Oui, oui, c'est sous ce nom.

— Chère Lorenza! tu aimeras donc ce nouveau logement?

— Il est bien plus riche que tous ceux que tu m'as déjà donnés, mais ce n'est pas pour cela que je l'aime.

— Et pourquoi l'aimes-tu?

— Parce que tu promets de l'habiter avec moi.

— Ah! quand tu dors, tu sais donc bien que je t'aime ardemment, avec passion?

La jeune femme ramena contre elle ses deux genoux qu'elle prit dans ses bras, et tandis qu'un pâle sourire effleurait ses lèvres :

— Oui, je le vois, dit-elle. Oui, je le vois, et cependant, cependant, ajouta-t-elle avec un soupir, il y a quelque chose que tu aimes plus que Lorenza.

— Et quoi donc? demanda Balsamo en tressaillant.

— Ton rêve.

— Dis mon œuvre.

— Ton ambition.

— Dis ma gloire.

— Oh! mon Dieu! mon Dieu!

Le cœur de la jeune femme s'oppressa, des larmes silencieuses coulèrent à travers ses paupières fermées.

—Que vois-tu donc? demanda Balsamo, étonné de cette effrayante lucidité qui parfois l'épouvantait lui-même.

— Oh! je vois des ténèbres parmi lesquelles glissent des fantômes; il y en a qui tiennent à la main leurs têtes couronnées, et toi, toi, tu es au milieu de tout cela, comme un général au milieu de la mêlée.

Il me semble que tu as les pouvoirs de Dieu, tu commandes, et l'on t'obéit.

— Eh bien! dit Balsamo avec joie, cela ne te rend pas fière de moi?

— Oh! tu es assez bon pour ne pas être grand. D'ailleurs, je me cherche dans tout ce monde qui t'entoure, et je ne me vois pas. Oh! je n'y serai plus... Je n'y serai plus, murmura-t-elle tristement.

— Et où seras-tu?

— Je serai morte.

Balsamo frissonna.

— Toi morte, ma Lorenza! s'écria-t-il ; non, non, nous vivrons ensemble et pour nous aimer.

— Tu ne m'aimes pas.

— Oh! si fait.

— Pas assez, du moins, pas assez, s'écria-t-elle en saisissant de ses deux bras la tête de Joseph... pas assez, ajouta-t-elle en appuyant sur son front des lèvres ardentes qui multipliaient leurs caresses.

— Que me reproches-tu?

— Ta froideur. Vois, tu te recules. Est-ce que je te brûle avec mes lèvres, que tu fuis devant mes baisers? Oh! rends-moi ma tranquillité de jeune fille, mon couvent de Subiaco, les nuits de ma cellule solitaire. Rends-moi les baisers que tu m'envoyais sur l'aile des brises mystérieuses, et que dans mon sommeil je voyais venir à moi, comme des sylphes aux ailes d'or, et qui fondaient mon âme dans les délices.

— Lorenza! Lorenza!

— Oh! ne me fuis pas, Balsamo, ne me fuis pas, je t'en supplie; donne-moi la main, que je la presse, tes yeux, que je les embrasse; je suis ta femme, enfin.

— Oui, oui, ma Lorenza chérie, oui, tu es ma femme bien-aimée.

— Et tu souffres que je passe ainsi près de toi, inutile, délaissée ; tu as une fleur chaste et solitaire dont le parfum t'appelle, et tu repousses son parfum ! Ah ! je le sens bien, je ne suis rien pour toi.

— Tu es tout, au contraire, ma Lorenza, puisque c'est toi qui fais ma force, ma puissance, mon génie, puisque sans toi je ne pourrais plus rien. Cesse donc de m'aimer de cette fièvre insensée qui trouble les nuits des femmes de ton pays. Aime-moi comme je t'aime, moi.

— Oh ! ce n'est pas de l'amour, ce n'est pas de l'amour que tu as pour moi.

— C'est au moins tout ce que je demande de toi ; car tu me donnes tout ce que je désire ; car cette possession de l'âme me suffit pour être heureux.

— Heureux ! dit Lorenza, d'un air de mépris ; tu appelles cela être heureux ?

— Oui, car, pour moi, être heureux, c'est être grand.

Lorenza poussa un long soupir.

— Oh ! si tu savais ce que c'est, ma douce Lorenza, que de lire à découvert dans le cœur des hommes pour les dominer avec leurs propres passions.

— Oui, je vous sers à cela, je le sais bien.

— Ce n'est pas tout. Tes yeux lisent pour moi dans le livre fermé de l'avenir. Ce que je n'ai pu apprendre avec vingt années de labeurs et de misères, toi, ma douce colombe, innocente et pure, quand tu veux, tu me l'apprends. Mes pas, sur lesquels tant d'ennemis jettent des embûches, tu les éclaires; mon esprit, dont dépendent ma vie, ma fortune, ma liberté, tu le dilates comme l'œil du lynx qui voit pendant la nuit. Tes beaux yeux, en se fermant au jour de ce monde, s'ouvrent à une clarté surhumaine, ils veillent pour moi. C'est toi qui me fais libre, qui me fais riche, qui me fais puissant.

— Et toi, en échange, tu me fais malheureuse ! s'écria Lorenza tout éperdue d'amour.

Et plus avide que jamais, elle entoura de ses deux bras Balsamo qui lui-même, tout imprégné de la flamme électrique, ne résistait plus que faiblement.

Il fit cependant un effort, et dénoua le lien vivant qui l'enveloppait.

— Lorenza ! Lorenza ! dit-il, par pitié !

— Je suis ta femme, s'écria-t-elle, et non ta fille ! Aime-moi comme un époux aime sa femme, et non comme mon père m'aimait.

— Lorenza, dit Balsamo tout frémissant lui-même de désirs, ne me demande pas, je t'en supplie, un autre amour que celui que je te puis donner.

— Mais, s'écria la jeune femme en levant ses deux bras désespérés au ciel, ce n'est pas de l'amour, cela, ce n'est pas de l'amour!

— Oh! si, c'est de l'amour... mais de l'amour saint et pur, comme on le doit à une vierge.

La jeune femme fit un brusque mouvement qui déroula les longues nattes de ses cheveux noirs. Son bras, si blanc et si nerveux à la fois, s'élança presque menaçant vers le comte.

— Oh! que signifie donc cela? dit-elle d'une voix brève et désolée. Et pourquoi m'as-tu fait abandonner mon pays, mon nom, ma famille, tout, jusqu'à mon Dieu? Car ton Dieu ne ressemble pas au mien. Pourquoi m'as-tu approchée de toi? pourquoi as-tu pris sur moi cet empire absolu, qui fait de moi ton esclave, qui fait de ma vie ta vie, de mon sang ton sang? Entends-tu bien? Pourquoi as-tu fait toutes ces choses, si c'est pour m'appeler la vierge Lorenza?

Balsamo soupira à son tour, écrasé sous

l'immense douleur de cette femme au cœur brisé.

— Hélas! dit-il, c'est ta faute, ou plutôt la faute de Dieu ; pourquoi Dieu a-t-il fait de toi cet ange au regard infaillible, à l'aide duquel je soumettrai l'univers ; pourquoi lis-tu dans tous les cœurs au travers de leur enveloppe matérielle, comme on lit une page derrière une vitre? C'est parce que tu es l'ange de pureté. Lorenza! c'est parce que tu es le diamant sans tache, c'est parce que rien ne fait ombre en ton esprit; c'est que Dieu voyant cette forme immaculée, pure et radieuse, comme celle de sa sainte Mère, veut bien y laisser descendre, quand je l'invoque, au nom des éléments qu'il a faits, son Saint-Esprit, qui d'ordinaire plane au-dessus des êtres vulgaires et sordides, faute de trouver en eux une place sans souillure, sur laquelle il puisse se reposer. Vierge, tu es voyante, ma Lorenza; femme, tu ne serais plus que matière.

— Et tu n'aimes pas mieux mon amour, s'écria Lorenza, en frappant avec rage dans ses belles mains qui s'empourprèrent, et tu n'aimes pas mieux mon amour que tous les rêves que tu poursuis, que toutes les chimères que tu te crées? Et tu me condamnes à la chasteté de la religieuse, avec les tentations de l'ardeur inévitable de ta présence? Ah! Joseph, Joseph, tu commets un crime, c'est moi qui te le dis.

— Ne blasphème pas, ma Lorenza, s'écria Balsamo : car, comme toi, je souffre. Tiens, tiens, lis dans mon cœur, je le veux, et dis encore que je ne t'aime pas.

—Mais alors, pourquoi résistes-tu à toi-même?

— Parce que je veux t'élever avec moi sur le trône du monde.

— Oh! ton ambition, Balsamo, murmura la jeune femme, ton ambition te donnera-t-elle jamais ce que te donne mon amour?

Éperdu à son tour, Balsamo laissa aller sa tête sur la poitrine de Lorenza.

— Oh! oui, oui, s'écria-t-elle, oui, je vois enfin que tu m'aimes plus que ton ambition, plus que ta puissance, plus que ton espoir. Oh! tu m'aimes comme je t'aime, enfin!

Balsamo essaya de secouer le nuage enivrant qui commençait à noyer sa raison. Mais son effort fut inutile.

— Oh! puisque tu m'aimes tant, dit-il, épargne-moi.

Lorenza n'écoutait plus ; elle venait de faire de ses deux bras une de ces invincibles chaînes plus tenaces que les crampons d'acier, plus solides que le diamant.

—Je t'aime comme tu voudras, dit-elle, sœur ou femme, vierge ou épouse, mais un baiser, un seul.

Balsamo était subjugué ; vaincu, brisé par tant d'amour, sans force pour résister davantage, les yeux ardents, la poitrine haletante, la tête renversée, il s'approchait de Lorenza, aussi invinciblement attiré que l'est le fer par l'aimant.

Ses lèvres allaient toucher les lèvres de la jeune femme !

Soudain la raison lui revint.

Ses mains fouettèrent l'air chargé d'enivrantes vapeurs.

— Lorenza! s'écria-t-il, réveillez-vous, je le veux!

Aussitôt, cette chaîne, qu'il n'avait pu briser, se relâcha, les bras qui l'enlaçaient se détendirent, le sourire ardent qui entourait les lèvres desséchées de Lorenza s'effaça languissant comme un reste de vie au dernier soupir; ses yeux fermés s'ouvrirent, ses pupilles dilatées se resserrèrent; elle secoua les bras avec effort, fit un grand mouvement de lassitude et retomba étendue, mais éveillée, sur le sofa.

Balsamo, assis à trois pas d'elle, poussa un profond soupir.

— Adieu le rêve, murmura-t-il, — adieu le bonheur.

FIN DU SEPTIÈME VOLUME.

TABLE DES MATIÈRES.

I. Les carrosses du Roi......................	1
II. La possédée...........................	37
III. Le comte de Fœnix.....................	101
IV. Son Éminence le cardinal de Rohan.......	163
V. Le retour de Saint-Denis.................	207
VI. Le pavillon...........................	241
VII. La maison de la rue Saint-Claude.........	273
VIII. La double existence. — Le sommeil........	301

www.ingramcontent.com/pod-product-compliance
Lightning Source LLC
Chambersburg PA
CBHW060630170426
43199CB00012B/1507